JN123213

■ は じ め に

　岸田内閣の下、令和６年度税制改正が決定されました。際立ったのは、個人所得関係では「定額減税」、また法人課税では「賃上げ促進税制」を大幅に見直し、そして、半導体の生産に係る「戦略分野国内生産促進税制」の創設。他には、大企業の節税手段とされる「外形標準課税」の見直しが行われました。

　まず**個人所得課税**では、本人とその扶養家族につき、一人当たり、所得税３万円・個人住民税１万円の計４万円を本年６月以後の給与から減税し、一家４人である場合、最高16万円の減税の恩恵にあずかることができます。ただし、その年の合計所得金額が1,805万円以下という制限つきです。住宅取得減税についても、19歳未満の子がいるか、夫婦のどちらかが40歳未満であると、優遇措置を受けることができる新制度ができ、また、ストックオプションも優秀な人材を確保するという意図から、スタートアップが発行した年間の権利行使価額の上限額を1,200万円から最高3,600万円に枠を拡大することになりました。

　資産課税では、直系尊属からの住宅取得等資金贈与の特例なども要件緩和の上、適用期限を延長し、非上場株式等に係る相続税・贈与税の納税猶予の特例制度については、特例承継計画の提出期限が２年間延長されました。
　また、令和６年１月１日以後の相続、遺贈又は贈与によって取得した居住用区分所有財産（いわゆる「分譲マンション」）の評価額は、新たに定められた個別通達によって評価することとされ、その適用対象となるのは、区分所有登記され、かつ、居住の用に供するものとされました。

　法人課税では、賃上げ促進税制については、30年振りの高い水準となった賃上げを一過性のものとはせず、構造的・持続的な賃上げを実現するため、大企業向けには今回の高い賃上げ率を維持しつつ、さらに高い賃上げ率要件を創設。また、中小企業向けには、赤字企業でも５年間の税額控除

を可能とする繰越控除措置を創設。さらに、従業員数2,000人以下の企業を従来の大企業から分離して中堅企業枠を新設し、従来の賃上げ率要件を維持しながら控除率を見直し、より高い賃上げを行える環境整備が行われました。また新たに、戦略分野国内生産促進税制が創設され、従来型の設備投資に係る減税措置とは異なり、販売されたものの数量等に応じた金額を税額控除できる新税制が手当されました。さらにイノベーションボックス税制が創設され、我が国が遅れている知的財産権の貸付けや譲渡が行われた場合に生じる一定の譲渡所得・ライセンス所得の30％に相当する金額を損金算入できる制度が創設されました。暗号資産についても諸外国の税制に合わせ、譲渡制限付きの暗号資産の期末評価額の評価方法が改正されました。

　消費課税では、電気通信利用役務の提供で消費税の課税漏れが多いことから、プラットフォーム課税を導入し、課税取引を特定プラットフォーム事業者が行ったとして申告する義務が生じるようになりました。そして、自動販売機等からの課税仕入れは、帳簿等への住所の記載がなくても仕入税額控除を認めることになりました。

　国際課税では、子会社株式簿価減額特例により簿価を引き下げる場合、特定配当の範囲を拡大し、国際最低課税額に対する法人税等についても見直しが行われました。

　納税環境整備では、隠蔽又は仮装された事実に基づき更正請求書を提出した場合を重加算税の適用対象に加えるとともに、脱税等した企業の役員等についても、その滞納に係る国税の第二次納税義務を負うことになりました。

　地方税では、外形標準課税の節税のために資本金等を減少させ、１億円以下となる企業が多いことから、かつて外形標準課税対象法人であった法人が、減資後１億円以下になっても資本剰余金等との合計額が10億円超と

なる法人は、外形標準課税の対象になるなどの改正が行われました。また、土地に係る固定資産税等の負担調整措置については減税の仕組みを継続することになりました。

　以上のように、能登半島地震の復興や種々の財政事情下での岸田内閣の3回目の税制改正が官邸主導といわれる中で行われましたが、改正項目は多岐にわたり、特に景気浮揚や賃上げ、子育て等に配慮した内容で、きめ細かく手当されています。

　本書では、このような「令和6年度の税制改正」の執筆にあたり、図解や事例を多用するとともに、各項目ごとに「適用時期」や「適用期限」を明確化し「一口メモ」や「用語の解説」などの捕捉説明を適宜加えることによって、できる限りわかりやすく理解しやすい書籍となるように徹底した工夫を加えています。

　さらに過年度に成立した法律で、本年から実施される税制についても、過去3年度間の改正事項のポイントを採録しています。昨年大改正となった「NISA制度」や「相続時精算課税制度」、「電子帳簿保存制度」などについて、備忘用として収録しています。再確認用としてご利用いただければ幸いです。

　本書が税理士、公認会計士をはじめ、税務に関連する業務に携わる実務家の方々にとっても、座右の書としてお手元に置いていただき、皆様方の日常業務の中で、少しでもお役に立てていただければ、筆者としましては望外の喜びとするところです。

　令和6年3月吉日

　　　　　　　　　　　　　　　　奥村　眞吾

CONTENTS

CONTENTS

相続・贈与課税　編

Ⅰ．贈与税は、こうなる!!

Ⅱ．相続税は、こうなる!!

法人課税　編

Ⅰ．法人税は、こうなる!!

CONTENTS

CONTENTS

Ⅱ．令和６年から適用される 令和５年度の主な改正事項

CONTENTS

本書は、以下の資料等により作成しています。
＊令和5年12月14日「令和6年度税制改正大綱」（与党税制調査会）・令和5年12月
　23日「令和6年度税制改正の大綱」（閣議決定）及び各省庁税制改正要望資料など。
＊「所得税法等の一部を改正する法律案」（令和6年2月2日第213回通常国会提出
　法案による。）
＊「地方税法等の一部を改正する法律案」（令和6年2月16日第213回通常国会提出
　法案による。）
＊「居住用の区分所有財産の評価について」（令和5年9月28日付課評2-74ほか1課共同）

個人所得課税 編

──どこが どう変わるか？──

I 所得税・個人住民税は、こうなる!!

■ 1. 所得税・個人住民税の定額減税の創設 ■

　この税制の特徴は、岸田政権が打ち出した税収増の還元です。

　令和６年分の所得税及び令和６年度分の個人住民税について、納税義務者、控除対象配偶者及び扶養親族一人につき所得税３万円・個人住民税の所得割額から１万円が控除されます。納税者のみならずその家族も対象となるので、例えば、夫婦と子供２人の４人家族の場合、１世帯で16万円の減税となります。給与所得者の場合、令和６年６月に支給される給料・賞与から源泉徴収される所得税・住民税がその分減少するので、手取額が増加します。

　ただし、その者の令和６年分の合計所得金額が1,805万円（給与所得の場合は、収入金額2,000万円）以下である場合に限るとした所得制限がかけられています。

　今回の定額減税は、物価高に苦しんでいる中低所得者層の救済が主目的であるので、納税額が年４万円未満だと減税しきれないため、４万円との差額については、１万円単位の給付が受けられます。例えば、減税額が15,000円なら、15,000と４万円との差額２万5,000円（40,000円～15,000円）ですが、これを切り上げて３万円が給付されます。

　年収255万円～270万円程度で、住民税は納税しているが所得税はゼロ(0)という世帯には、一世帯当たり10万円が給付され、年収255万円程度より低い世帯には一世帯当たり７万円が給付されます。

　給付は、令和６年から順次開始されます。物価高対策の３万円の給付金と併せて10万円となります。またこれとは別枠で低所得者層の子育て世帯には、18才以下の子ども１人当たり５万円が追加で給付されます。

年　収	減　税
2,000万円超	減税　　　　　　なし
310万円〜2,000万円	減税　一人当たり４万円　（所得税3万円+住民税1万円） ・夫婦・子ども二人：４万円×４人＝16万円の減税 ・2024年6月実施
270万円〜310万円	減税　＋　給付　一人当たり　４万円 ・減税額が4万円未満　⇒　差額を給付
255万円〜270万円	給付　1世帯　　10万円 ・2024年6月実施

・住民税：納税（Ｒ６.２〜３月）
・所得税：減税（Ｒ６.６以降開始）
・住民税：給付（Ｒ６〜順次開始）

＋　子育て世帯は、子ども一人当たり5万円給付

（1）所得税の定額減税

　令和６年分の所得税について、定額による所得税額の特別控除が実施され、居住者の所得税額から、以下の①②の合計額が特別控除されます。ただし、その者の令和６年分に係る合計所得金額が1,805万円以下である場合に限ります。

特別控除の額は、次の金額の合計額です。ただし、その合計額がその者の所得税額を超える場合には、所得税額が限度とされます。

適用対象者	①　本人３万円
	②　納税義務者との同一生計配偶者及び扶養親族（居住者に該当する者に限る。以下「同一生計配偶者等」といいます。） 　　　　　　　　　　　　　　１人につき　３万円

（2）所得税の特別控除の実施方法

❶　給与所得者に係る特別控除額の控除

イ　令和6年6月1日以後最初に支払を受ける給与等（賞与を含むものとし、給与所得者の扶養控除等申告書の提出の際に経由した給与等の支払者が支払うものに限ります。）につき源泉徴収をされるべき所得税の額（以下「控除前源泉徴収税額」といいます。）から特別控除の額に相当する金額（当該金額が控除前源泉徴収税額を超える場合には、当該控除前源泉徴収税額に相当する金額）を控除します。

ロ　特別控除の額に相当する金額のうち、上記イ及びここに定めるところにより控除をしてもなお控除しきれない部分の金額は、以後令和6年中に支払われる当該給与等（同年において最後に支払われるものを除きます。）に係る控除前源泉徴収税額から、順次控除します。

ハ　上記イ及びロにより控除された後の所得税額をもって、それぞれの給与等につき源泉徴収をされるべき所得税の額とします。

ニ　令和6年分の年末調整の際に、年税額から特別控除の額を控除します。

ホ　上記イ及びニによる控除について、給与等の支払者が同一生計配偶者等を把握するための措置を講じます。

ヘ　上記イの給与等の支払者は、上記イ又はロによる控除をした場合には、支払明細書に控除した額を記載することとします。

ト　上記イの給与等の支払者は、源泉徴収票の摘要の欄に控除した額等を記載することとします。

（注1）　上記イ及びロにより控除する同一生計配偶者等に係る特別控除の額は、原則として源泉控除対象配偶者で合計所得金額が48万円以下である者又は扶養親族で居住者に該当する者について算出します。

（注2）　源泉徴収の際の上記イ及びロによる控除は、改正前の源泉徴収をされるべき額から行います。

（注3）　上記イ及びロについて、給与所得者の扶養控除等申告書に記載した事項の異動等により特別控除の額に異動が生ずる場合には、年末調整により調整することになります。

> **適用時期**　給与所得者の場合、所得税は、令和6年6月1日以後、最初に支給する賞与を含む給与等の源泉徴収税額から順次特別控除の額を控除し、年末調整時に年税額から控除して精算します。
> 一方、個人住民税は、令和6年7月から令和7年5月までの11か月の間に、均等に分けて特別控除の額を毎月控除していきます。

❷　公的年金等の受給者に係る特別控除額の控除

　　令和６年６月１日以後最初に厚生労働大臣等から支払を受ける公的年金等（確定給付企業年金法の規定に基づいて支給を受ける年金等を除きます。）につき源泉徴収をされるべき所得税の額について、上記❶イからハまで（上記❶ロ（注３）を除きます。）に準じた取扱いとされます。

（注１）　上記について、公的年金等の受給者の扶養親族等申告書に記載した事項の異動等により特別控除の額に異動が生ずる場合には、確定申告により調整することになります。

（注２）　上記の公的年金等の支払者は、源泉徴収票の摘要欄に控除した額等を記載します。

❸　事業所得者等に係る特別控除額の控除

イ	令和６年分の所得税に係る第１期分予定納税額（７月）から本人分に係る特別控除の額に相当する金額を控除します。
ロ	特別控除の額に相当する金額のうち、第１期分予定納税額から控除をしてもなお控除しきれない部分の金額は、第２期分予定納税額（11月）から控除します。
ハ	予定納税額の減額の承認の申請により、第１期分予定納税額及び第２期分予定納税額について、同一生計配偶者等に係る特別控除の額に相当する金額の控除の適用を受けることができることとします。
ニ	上記ハの措置に伴い、令和６年分の所得税に係る第１期分予定納税額の納期を令和６年７月１日から９月30日までの期間（改正前：同年７月１日から同月31日までの期間）とするとともに、同年６月30日の現況に係る予定納税額の減額の承認申請の期限を同年７月31日（改正前：同月15日）とします。
ホ	令和６年分の所得税に係る確定申告書を提出する事業所得者等は、その提出の際に所得税額から特別控除の額を控除します。

（注）予定納税に係る上記イ及びロに係る控除は、改正前の納付すべき額から行います。

 適用時期　　事業所得者の場合、所得税及び個人住民税については、それぞれ令和６年分の所得税の第１期分予定納税額及び個人住民税の令和６年度第１期分予定納税額から特別控除の額を控除し、控除しきれなかった額は第２期分以降で順次控除します。

❹ その他所要の措置

　今回の定額減税の緊要性に鑑み、改正法の国会提出前に関わらず、令和
５年12月22日の閣議決定に基づき、財務省・国税庁及び総務省自治税務
局では改正法案成立後、直ちに定額減税を実施できる体制が整うよう周知・
広報活動等の準備作業に着手しています。

　具体的には、源泉徴収義務者が早期に準備に着手できるよう、関係省庁
では、法案の国会提出前から制度の詳細について公表するとともに、源泉
徴収義務者向けのパンフレットの作成等の広報活動を開始し、給付金担当
者を含む関係省庁や地方公共団体とも連携しながら、制度の趣旨・内容等
について、WEB等を通じた広報活動も行われています。

(3) 個人住民税の定額減税

　令和６年度分の個人住民税については、定額による所得割額の特別控除
が実施されます。納税義務者の所得割額から、以下の①②の合計額が特別
控除されます。ただし、その者の令和６年度分の個人住民税に係る合計所
得金額が1,805万円以下である場合に限ります。

特別控除の額は、次の金額の合計額です。ただし、その合計額がその者の所得割の額を超える場合には、所得割の額が限度とされます。		
適用対象者	①	本人１万円
	②	控除対象配偶者又は扶養親族（国外居住者を除きます。） １人につき１万円

（注）　控除対象配偶者を除く同一生計配偶者（国外居住者を除きます。）については、令和７年度分の所得割の額から、
　　　１万円を控除します。

（4）個人住民税の特別控除の実施方法

❶ 給与所得に係る特別徴収の場合

> イ 特別徴収義務者は、令和6年6月に給与の支払をする際は特別徴収を行わず、特別控除の額を控除した後の個人住民税の額の11分の1の額を令和6年7月から令和7年5月まで、それぞれの給与の支払をする際に毎月徴収します。

> ロ 地方公共団体は、令和6年度分の給与所得に係る個人住民税の特別徴収税額通知書（納税義務者用）に控除した額等を記載します。

> ハ 特別徴収義務者は、令和6年分の給与支払報告書の摘要欄に所得税額から控除した額等を記載します。

❷ 公的年金等に係る特別徴収の場合

> イ 令和6年10月1日以後最初に厚生労働大臣等から支払を受ける公的年金等につき特別徴収をされるべき個人住民税の額（以下「各月分特別徴収税額」といいます。）から特別控除の額に相当する金額（当該金額が各月分特別徴収税額を超える場合には、当該各月分特別徴収税額に相当する金額）を控除します。

> ロ 特別控除の額に相当する金額のうち、上記イ及びここに定めるところにより控除をしてもなお控除しきれない部分の金額は、以後令和6年度中に特別徴収される各月分特別徴収税額から、順次控除します。

> ハ 地方公共団体は、令和6年度分の公的年金等に係る所得に係る個人住民税の税額決定通知書に控除した額等を記載します。

> ニ 特別徴収義務者は、令和6年分の公的年金等支払報告書の摘要の欄に所得税額から控除した額等を記載します。

❸ 普通徴収の場合

> イ 令和6年度分の個人住民税に係る第1期分の納付額から特別控除の額に相当する金額（当該金額が第1期分の納付額を超える場合には、当該第1期分の納付額に相当する金額）を控除します。

> ロ 特別控除の額に相当する金額のうち、上記イ及びここに定めるところにより控除をしてもなお控除しきれない部分の金額は、第2期分以降の納付額から、順次控除します。

> ハ 地方公共団体は、令和6年度分の個人住民税の税額決定通知書に控除した額等を記載することとします。

(5) 道府県民税及び市町村民税における特別控除の額

❶ 道府県民税における特別控除の額

　道府県民税における特別控除の額は、特別控除の額に、その者の道府県民税所得割の額をその者の道府県民税所得割の額と市町村民税所得割の額との合計額で除して得た数値を乗じて得た金額とします。

（注）　上記の「道府県民税所得割の額」とは、特別控除の額を控除する前の道府県民税所得割の額をいい、上記の「市町村民税所得割の額」とは、特別控除の額を控除する前の市町村民税所得割の額をいいます。

道府県民税における特別控除額	＝	特別控除額	×	道府県民税所得割額 ／ 道府県民税所得割額と市町村民税所得割額

❷ 市町村民税における特別控除の額

　市町村民税における特別控除の額は、特別控除の額から道府県民税における特別控除の額を控除して得た金額とします。

市町村民税における特別控除額	＝	特別控除額	－	道府県民税における特別控除額

❸ 特別控除の額

　特別控除の額は、他の税額控除の額を控除した後の所得割の額から控除します。

❹ 令和6年度分の所得割の額

　以下の額の算定の基礎となる令和6年度分の所得割の額は、特別控除の額を控除する前の所得割の額とします。

イ　都道府県又は市区町村に対する寄附金税額控除（ふるさと納税）の特例控除額の控除上限額
ロ　公的年金等に係る所得に係る仮特別徴収税額

■ 2．税制適格ストックオプション税制の拡充 ■
（所得税・個人住民税）

（1）新株予約権等の行使に係る経済的利益の非課税等の拡充と
その背景

　ストックオプションを行使した際に、税の優遇措置を受けられる権利行使価格の上限を1,200万円から3,600万円に引き上げられました。ただし、設立20年未満で未上場の企業か、上場後5年未満の企業が条件でした。このようなスタートアップ企業は、多くは資金難であるため、ストックオプションを活用して優秀な人材を集めやすくするため、税制面からの支援が欠かせません。

　そこで、ストックオプションの権利を行使して得た株式については、売却時までの課税の繰延べが可能で、権利を行使して自社株を得た時には課税されず、売却時に権利行使価格と売却額の差額に、約20％の分離課税の税がかかるだけの税の優遇措置が設けられました。

　しかし、権利を行使して自社株を得た時と売却時のそれぞれに課税が及ぶと、権利行使価格と取得時の価格の差額は給与所得となり、最大55％（所得税＋住民税）の所得税が課税される恐れがあります。

　さらに、ストックオプションを社外の人材に付与しやすくするための改正も必要です。そこで、弁護士や会計士などの国家資格を持つ人に与える際に求めていた3年以上の実務経験の要件が廃止され、そして、更に、その適用対象者の範囲も拡大され、プログラマーやデザイナー、経営コンサルタント、非上場企業の役員経験者など幅広い人材を確保しやすくする改正が行われました。

　今回の改正では、①発行会社自身による株式管理スキームを創設するとともに、②年間権利行使価格の上限額最大で1,200万円を、その3倍となる3,600万円に引き上げ、更に、③社会高度人材への付与要件を緩和し、認定手続きを軽減するなどの拡充が行われました。

改正前

① **株式保管委託要件**：
非上場段階で権利行使後、証券会社等に保管委託することが必要

② **権利行使価額の限度額**：1,200万円／年

③ **社外高度人材**：
一定の要件を満たした社外高度人材が対象

改正後

① **株式保管委託要件**：新たな**株式管理スキーム**を創設し、発行会社による株式の管理も可能とする。

② **権利行使価額の限度額**：
設立5年未満の会社が付与したものは、**2,400万円／年**
設立5年以上20年未満の会社*が付与したものは、**3,600万円／年**
*非上場又は上場後5年未満の上場企業

③ **社外高度人材**：新たに、**非上場企業の役員経験者**等を追加し、国家資格保有者に求めていた**3年以上の実務経験の要件を撤廃**するなど、対象を拡大

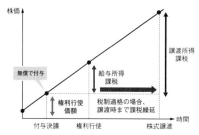

税制適格ストックオプション

☐ 権利行使時の経済的利益には課税せず
株式譲渡時まで課税繰延

☐ **譲渡所得として課税**

（経済産業省資料）

🕐 **適用時期**　施行日前に締結された旧契約で施行日から令和6年12月31日までに契約変更が行われたものについては、この改正規定が適用されますが、（4）については、改正中小企業経営強化法施行規則の規定によることとされています。

（2）発行会社自身による株式管理スキームの創設

〜 適用対象となる新株予約権に係る契約要件の改正 〜

　適用対象となる新株予約権に係る契約の要件について、「新株予約権を与えられた者と当該新株予約権の行使に係る株式会社との間で締結される一定の要件を満たす当該行使により交付をされる株式（譲渡制限株式に限ります。）の管理等に関する契約に従って、当該株式会社により当該株式の管理等がされること」との要件を満たす場合には、「新株予約権の行使により取得をする株式につき金融商品取引業者等の営業所等に保管の委託等がされること」との要件を満たすことを不要とされました。

- 非上場の段階で税制適格ストックオプションを行使し、株式に転換した場合、税制の対象となるには、**証券会社等と契約し、専用の口座を従業員ごとに開設した上で当該株式を保管委託する必要**がある。
- こうした対応には、**金銭コスト・時間・手続負担がかかる**との声がある。特にM&Aについては短期間での権利行使が必要となる場合もあり、**スタートアップの円滑なM&AによるEXITを阻害**するとの声もある。
- このような状況を踏まえ、**譲渡制限株式**について、**発行会社による株式の管理等**がされる場合には、**証券会社等による株式の保管委託に代えて発行会社による株式の管理も可能**とする。

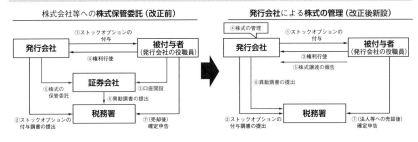

（経済産業省資料）

（3）年間の権利行使価額の限度額の引上げ

～ 年間の権利行使価額1,200万円を3,600万円に引上げ ～

その年における新株予約権の行使に係る権利行使価額の限度額については、次のとおりとされました。

イ　設立の日以後の期間が5年未満の株式会社が付与する新株予約権については、当該限度額を2,400万円（改正前：1,200万円）に引き上げます。

ロ　一定の株式会社が付与する新株予約権については、当該限度額を3,600万円（改正前：1,200万円）に引き上げられました。

用語の説明

上記の「一定の株式会社」とは、設立の日以後の期間が5年以上20年未満である株式会社で、金融商品取引所に上場されている株式等の発行者である会社以外の会社又は金融商品取引所に上場されている株式等の発行者である会社のうち上場等の日以後の期間が5年未満であるものをいいます。

● ユニコーン企業を目指して**スタートアップが大きく成長するためには**、レイター期から上場前後の**企業価値が高くなった時期に更なる成長に必要な優秀な人材を採用する必要**がある。
● スタートアップの人材獲得力向上のため、一定の株式会社が付与するストックオプションについて**年間の権利行使価額の限度額を引き上げる。**
　→ 上限2,400万円/年への引上げ：**設立5年未満の株式会社が付与するストックオプション**
　→ 上限3,600万円/年への引上げ：**設立5年以上20年未満の株式会社**のうち、
　　　　　　　　　　　　　　　　　非上場又は上場後5年未満の上場企業が付与するストックオプション

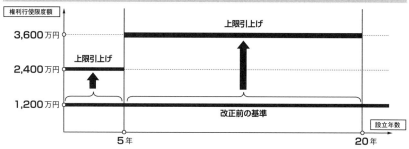

（出典：経産省「令和6年度経済産業省関係 税制改正について」）

（4）　社外高度人材に対するストックオプション税制の拡充

　中小企業等経営強化法施行規則の改正を前提に、適用対象となる特定従事者に係る要件について、次の見直しが行われました。

● スタートアップが社外人材を円滑に活用できるよう、ストックオプション税制の対象となる**社外高度人材の範囲を拡充。**新たに、**非上場企業の役員経験者**等を追加し、**国家資格保有者等**に求めていた**3年以上の実務経験の要件を撤廃**するなど、対象を拡大する。また、計画認定に際して必要な申請書類を簡素化するなど、手続き負担を軽減。

	改正前		改正後	
国家資格 （弁護士・会計士等）	国家資格を保有	3年以上の実務経験	国家資格を保有	削除
博士	博士の学位を保有	3年以上の実務経験	博士の学位を保有	削除
高度専門職	高度専門知識の在留資格 をもって在留	3年以上の実務経験	高度専門職の在留資格 をもって在留	削除
教授・准教授	なし		教授及び准教授	
企業の役員経験者	上場企業で	3年以上の役員経験	上場企業 又は 一定の非上場企業で	役員・執行役員等 （重要な使用人）の 経験が1年以上
先端人材	将来成長発展が期待される分野の 先端的な人材育成事業に選定され従事していた者		将来成長発展が期待される分野の 先端的な人材育成事業に選定され従事していた者	
エンジニア・ 営業担当者・ 資金調達従事者等	過去 10年間	製品又は役務の開発に 2年以上従事 / 一定の売上高要件を 満たす	過去 10年間	製品又は役務の開発に2年以上従事 / 一定の売上高要件を満たす 製品又は役務の開発に2年以上従事 / 一定の売上高要件を満たす 製品又は役務の販売活動に2年以上従事 / 一定の売上高要件を満たす 資金調達活動に2年以上従事 / 一定の資本金等要件を満たす

イ　認定新規中小企業者等に係る要件のうち「新事業活動に係る投資及び指導を行うことを業とする者が新規中小企業者等の株式を最初に取得する時において、資本金の額が5億円未満かつ常時使用する従業員の数が900人以下の会社であること」との要件を廃止します。

ロ　社外高度人材に係る要件について、次の見直しを行います。

（イ）「3年以上の実務経験があること」との要件を、金融商品取引所に上場されている株式等の発行者である会社の役員については「1年以上の実務経験があること」とし、国家資格を有する者、博士の学位を有する者及び高度専門職の在留資格をもって在留している者については廃止します。

（ロ）社外高度人材の範囲に、次に掲げる者を加えます。

　a　教授及び准教授

　b　金融商品取引所に上場されている株式等の発行者である会社の重要な使用人として、1年以上の実務経験がある者

　c　金融商品取引所に上場されている株式等の発行者である会社以外の一定の会社の役員及び重要な使用人として、1年以上の実務経験がある者

　d　製品又は役務の開発に2年以上従事した者であって、本邦の公私の機関の従業員として当該製品又は役務の開発に従事していた期間の開始時点に対し、終了時点における当該機関の全ての事業の試験研究費等が40%以上増加し、かつ、終了時点における当該機関の全ての事業の試験研究費等が2,500万円以上であること等の一定の要件を満たすもの

　e　製品又は役務の販売活動に2年以上従事した者であって、本邦の公私の機関の従業員として当該製品又は役務の販売活動に従事していた期間の開始時点に対し、終了時点における当該機関の全ての事業の売上高が100%以上増加し、かつ、終了時点における当該機関の全ての事業の売上高が20億円以上であること等の一定の要件を満たすもの

　f　資金調達活動に2年以上従事した者であって、本邦の公私の機関の従業員等として当該資金調達活動に従事していた期間の開始時点に対し、終了時点における当該機関の資本金等の額が100%以上増加し、かつ、終了時点における当該機関の資本金等の額が1,000万円以上であること等の一定の要件を満たすもの

（出典：経済産業省「令和6年度経済産業省関係 税制改正について」）

(5) 新株予約権の行使に係る電磁的書面提供の容認

　権利者が新株予約権に係る付与決議の日において当該新株予約権の行使に係る株式会社の大口株主等に該当しなかったことを誓約する書面等の提出に代えて、電磁的方法により当該書面等に記載すべき事項を記録した電磁的記録を提供できることとする等、所要の措置が講じられました。

Ⅱ 土地住宅税制は、こうなる!!

〜〜 住まいの質の向上・負担の軽減で無理なく住宅を確保するために 〜〜

■ 1. 若い夫婦・子育て世帯に限り住宅ローン減税を優遇 ■
〜 住宅ローン減税の借入限度額及び床面積要件の維持 〜

　ローンを組んで住宅を購入して所得税負担を減少させる住宅ローン減税では若い夫婦や子育て世帯に限って税優遇を継続することになりました。税優遇の対象となるのは「19才未満の子供がいる」あるいは「夫婦のどちらかが40才未満の世帯」で、対象家屋は省エネ性能が高い長期優良住宅、低炭素住宅、ZEH水準省エネ住宅等に限られます。

　さらに長期優良住宅、低炭素住宅であれば、控除対象となる借入限度額も2022年及び2023年分と同額の5,000万円が維持され、それ以外の世帯は4,500万円となります。

　また、住宅ローン減税の対象となる床面積の特例も延長することになりました。住宅ローン減税の床面積要件は50㎡以上でなければ適用できませんが、年間の所得1,000万円以下である人の場合は、新築で床面積40平方メートル以上であれば適用できました。この特例は2023年をもって終了することとされていましたが、1年延長されました。

　住宅ローン減税は住宅を取得するか、既存住宅を増改築すると最大13年間、各年末の住宅ローン残高の0.7%を所得税や住民税から差し引く仕組みです。この特例の改正前の控除額等の一覧は下記のとおりです。

　リフォーム促進税制では、子供の転落防止用の手すり等、子育て世帯に需要のある住宅改修工事も対象となります。工事費用の限度額は250万円、

所得税の最大控除額は25万円となっています。ただし、**令和6年（2024年）1年間の措置**となります。

> **適用時期** この子育て支援特例は、子育て特例対象個人が、認定住宅等を新築等して令和6年1月1日から同年12月31日までの間に居住の用に供した場合の住宅ローンの年末残高の限度額について適用される、1年限りの特例です。

◆住宅の性能別・居住年別住宅ローンの借入限度額・控除率及び控除期間一覧

取得した住宅	住宅の性能	居住年	借入限度額	控除率	控除期間
新築住宅・買取再販住宅（注1）	認定住宅	令和4・5年	5,000万円	0.7%	13年
		令和6・7年	4,500万円		
	ZEH水準省エネ住宅	令和4・5年	4,500万円		
		令和6・7年	3,500万円		
	省エネ基準適合住宅	令和4・5年	4,000万円		
		令和6・7年	3,000万円		
	その他の住宅	令和4・5年	3,000万円		10年
		令和6・7年	2,000万円		
既存住宅（注2）	認定住宅等	令和4・5年	3,000万円		10年
		令和6・7年	2,000万円		
	その他の住宅	令和4・5年	3,000万円		
		令和6・7年	2,000万円		

（注1）　上記の金額等は、住宅の取得等が認定住宅等の新築または認定住宅等で建築後使用されたことのないもの若しくは宅地建物取引業者により一定の増改築等が行われたものの取得である場合の金額等であり、住宅の取得等が認定住宅等で建築後使用されたことのあるものの取得である場合における借入限度額は一律3,000万円と、控除期間は一律10年とされます。

（注2）　上記の金額等は、住宅の取得等が居住用家屋の新築、居住用家屋で建築後使用されたことのないものの取得または宅地建物取引業者により一定の増改築等が行われた一定の居住用家屋の取得である場合の金額等であり、それ以外の場合（既存住宅の取得または住宅の増改築等）における借入限度額は一律2,000万円と、控除期間は一律10年とされます。

（注3）　□□□□部分が子育て世代のみ2024年入居で適用されます。

住宅ローン減税の借入限度額及び床面積要件の維持（所得税・個人住民税）

2024年入居等の場合の借入限度額及び床面積要件について、以下（※今回の改正内容は下線）のとおり措置する。

控除率：0.7%

＜入居年＞			2022（R4）年	2023（R5）年	2024（R6）年	2025（R7）年
						与党大綱 R7年度税制改正にてR6と同様の方向性で検討
借入限度額	新築住宅・買取再販	長期優良住宅・低炭素住宅	5,000万円		4,500万円 子育て世帯・若者夫婦世帯※：5,000万円【今回改正内容】	4,500万円
		ZEH水準省エネ住宅	4,500万円		3,500万円 子育て世帯・若者夫婦世帯※：4,500万円【今回改正内容】	3,500万円
		省エネ基準適合住宅	4,000万円		3,000万円 子育て世帯・若者夫婦世帯※：4,000万円【今回改正内容】	3,000万円
		その他の住宅	3,000万円		0円（2023年までに新築の建築確認：2,000万円）	
	既存住宅	長期優良住宅・低炭素住宅 ZEH水準省エネ住宅 省エネ基準適合住宅	3,000万円			
		その他の住宅	2,000万円			
控除期間	新築住宅・買取再販		13年（「その他の住宅」は、2024年以降の入居の場合、10年）			
	既存住宅		10年			
所得要件			2,000万円			
床面積要件			50㎡（新築の場合、2024（R6）年までに建築確認：40㎡【今回改正内容】（所得要件：1,000万円））			与党大綱 R7年度税制改正にてR6と同様の方向性で検討

※「19歳未満の子を有する世帯」又は「夫婦のいずれかが40歳未満の世帯」

（出典：国土交通省資料）

（1）子育て特例対象個人が認定住宅等の新築等をした場合の住宅ローン年末残高の限度額

　住宅借入金等を有する場合の所得税額の特別控除について、次の措置が講じられました。

　個人で、年齢40歳未満であって配偶者を有する者、年齢40歳以上であって年齢40歳未満の配偶者を有する者又は年齢19歳未満の扶養親族を有する者（以下「子育て特例対象個人」という。）が、認定住宅等の新築若しくは認定住宅等で建築後使用されたことのないものの取得又は買取再販認定住宅等の取得（以下「認定住宅等の新築等」という。）をして令和6年1月1日から同年12月31日までの間に居住の用に供した場合の住宅借入金等の年末残高の限度額（借入限度額）を次のとおりとして本特例の適用ができることとされました。

住宅の区分	借入限度額
認定住宅	5,000万円
ZEH水準省エネ住宅	4,500万円
省エネ基準適合住宅	4,000万円

（2）子育て特例対象個人の認定住宅等の取得に係る床面積要件の緩和措置

　認定住宅等の新築又は認定住宅等で建築後使用されたことのないものの取得に係る床面積要件の緩和措置について、令和6年12月31日以前に建築確認を受けた家屋についても適用できることとします。

（注1）「認定住宅等」とは、認定住宅、ZEH水準省エネ住宅及び省エネ基準適合住宅をいい、「認定住宅」とは、認定長期優良住宅及び認定低炭素住宅をいいます。以下同じ。
（注2）「買取再販認定住宅等」とは、認定住宅等である既存住宅のうち宅地建物取引業者により一定の増改築等が行われたものをいいます。
（注3）上記①及び②について、その他の要件等は、現行の住宅借入金等を有する場合の所得税額の特別控除と同様とします。

（3）既存住宅に係る特定の子育て対応改修工事の
所得税額の特別控除

　既存住宅に係る特定の改修工事をした場合の所得税額の特別控除について、子育て特例対象個人が、その者の所有する居住用の家屋について一定の子育て対応改修工事をして、当該居住用の家屋を令和6年4月1日から同年12月31日までの間に居住の用に供した場合を適用対象に追加し、その子育て対応改修工事に係る標準的な工事費用相当額（250万円を限度）の10％に相当する金額をその年分の所得税の額から控除できることとされました。

（注1）　上記の「一定の子育て対応改修工事」とは、①住宅内における子どもの事故を防止するための工事、②対面式キッチンへの交換工事、③開口部の防犯性を高める工事、④収納設備を増設する工事、⑤開口部・界壁・床の防音性を高める工事、⑥間取り変更工事（一定のものに限る。）であって、その工事に係る標準的な工事費用相当額（補助金等の交付がある場合には、当該補助金等の額を控除した後の金額）が50万円を超えること等一定要件を満たすものをいいます。

（注2）　上記の「標準的な工事費用相当額」とは、子育て対応改修工事の種類ごとに標準的な工事費用の額として定められた金額に当該子育て対応改修工事を行った箇所数等を乗じて計算した金額をいいます。

（注3）　上記の税額控除は、その年分の合計所得金額が2,000万円を超える場合には適用できません。

（注4）　その他の要件等は、既存住宅に係る特定の改修工事をした場合の所得税額の特別控除と同様とします。

■ 2. 居住用財産の買換え等に係る特例措置の 適用期限の延長等

❶ 居住用財産の買換え等の特例の適用期限の延長等の背景

　居住用財産を譲渡した人のうち、約半数の方々に売却損が生じており、これが住替え需要の障害となっています。また、譲渡益が発生する場合でも、多額の税負担が発生しています。

　そこで、居住用財産の買換えや譲渡に際して、譲渡損又は譲渡益が生じる場合でも、それぞれに応じた税制上の特例措置を存続させる必要があるとして、次表の (1) ～ (3) に掲げる特例について適用期限を2年延長したうえ、(1) の特例の買換資産の範囲に❷の③に掲げる省エネ基準要件が加えられました。

❷ 改正の内容

　① 適用期限の延長

　　居住用財産を買い換えた場合や譲渡した場合に、譲渡損又は譲渡益が発生する場合には、次表の (1) ～ (3) に掲げる税制上の特例が設けられています。

　　これらの特例の適用期限が2年延長され、令和7年12月31日（改正前：令和5年12月31日）までとされました。

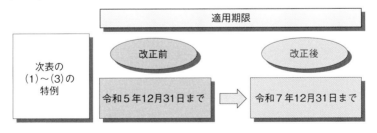

■居住用財産の買換え等の特例

譲渡損益の区分	特 例
譲渡益が生じた場合	（1）特定の居住用財産の買換え等の場合の長期譲渡所得の課税の特例
譲渡損が生じた場合	（2）居住用財産の買換え等による譲渡損失の損益通算及び繰越控除
	（3）特定居住用財産の譲渡損失の損益通算及び繰越控除

② 確定申告書等への住宅借入金等の残高証明書の添付を要しない場合

本特例の適用を受けようとする個人が買換資産の住宅借入金等に係る債権者に対して住宅取得等資金に係る借入金等の年末残高等調書制度の適用申請書の提出をしている場合には、住宅借入金等の残高証明書の確定申告書等への添付を不要とします。

 上記②の改正は、令和6年1月1日以後に行う譲渡資産の譲渡について適用されます。

③ 買換資産に省エネ基準要件を追加

上記（2）の特例の買換資産の範囲に、次に掲げる省エネ基準要件が追加されました。

イ	令和6年1月1日以後に建築確認を受ける住宅（登記簿上の建築日付が6月30日以前のものを除く。）
ロ	建築確認を受けない住宅で登記簿上の建築日付が令和6年7月1日以降のもの

（1）特定の居住用財産の買換え等の場合の長期譲渡所得の課税の特例

❶ 特例《譲渡益の課税の繰延べ》の概要

居住用財産を買い換えた場合、一定の要件を満たすものについては、譲渡益に対する課税を繰り延べることができます。

例えば、マイホームを売却して買換えをする場合に、通常は、マイホームの譲渡価額と買い換えたマイホームの購入価額との差額（譲渡益）が課税対象となりますが、居住用財産の買換え特例の適用を受けることにより、課税を繰り延べることができます。

　そして、後日、買い換えたマイホームを譲渡したときに、その「譲渡価額と購入価額との差額」と「繰り延べられた譲渡益」との「合計額」が、その時の譲渡益として課税されることになっています。

❷　課税譲渡所得金額の計算

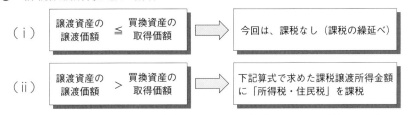

上記（ⅱ）の課税譲渡所得金額は、下記の算式によって計算します。

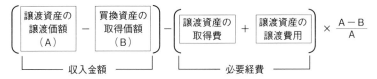

❸　特例の適用要件

　この特例の適用を受けるには、次の要件を満たしていなければなりません。

譲渡資産	買換資産
居住用家屋または家屋とその敷地・借地権の譲渡であること（家屋取壊しから1年以内の土地の譲渡を含む）	譲渡した年の前年1月1日から譲渡年の翌年の年末までの間に取得すること
譲渡先が親子や夫婦等の特別関係者でないこと	譲渡した年の翌年の12月31日までの間に居住を開始すること又は居住を開始する見込みであること（注）
所有期間が、譲渡した年の1月1日において10年超	建物の床面積が50㎡以上であること
本人の居住期間が10年以上	省エネ基準要件（令和6年1月1日以後に建築確認を受ける住宅あるいは令和6年7月1日以降の登記簿建築日付）
譲渡資産の譲渡に係る対価の額が1億円以下	

（注）譲渡した年の翌年中に取得した場合には、取得年の翌年の年末までに居住を開始すること。

(2) 居住用財産の買換え等の場合の譲渡損失の損益通算及び繰越控除

❶　制度の概要

　居住用財産の譲渡のうち多くの方々に売却損が発生して、それが住替えの支障となっています。

　所有期間が5年を超えるマイホームを譲渡し、住宅ローンを使って新たにマイホームを取得した場合に、その譲渡によって生じた譲渡損失のうち、一定期間内に買換資産を取得して居住の用に供するなど一定の要件を満たす場合には、その年の他の所得との損益通算が認められています。

　ただし、損益通算をしても、なおその損失を控除しきれなかった場合には、その年の翌年以後3年間にわたり譲渡損失の繰越控除ができることとされています。

> 繰越控除の適用を受けるには、その年の年末に買換資産に係る住宅借入金等を有し、かつ、その年の合計所得金額が3,000万円以下であることが要件とされています。

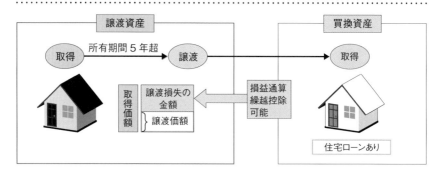

■ 譲渡損失の３年間繰越控除の仕組み

❷ 特例の適用要件

　この特例は、次の要件に該当するものについて適用されます。

■適用要件

譲渡資産	買換資産
居住用家屋又は家屋とその敷地・借地権の譲渡であること（家屋取壊しから１年以内の土地の譲渡を含む）	譲渡した年の前年１月１日から譲渡年の翌年の12月31日までの間に取得すること
譲渡先が親子や夫婦等の特別関係者でないこと	取得してから譲渡した年の翌年の12月31日までの間に居住を開始すること又は居住を開始する見込みであること
譲渡した年の１月１日で所有期間が５年超であること	建物の床面積が50㎡以上であること
－	繰越控除の適用を受ける年の12月31日において住宅借入金等（償還期間が10年以上のもの）の残高があること

❸【事例】による検証

　では、具体的な【事例】によって検証してみましょう。

【事例】

令和６年の年間所得は800万円です。

転勤のため自宅を売却し、譲渡損が2,500万円発生しましたが、親からの援助や新たな住宅ローンで、転勤先で自宅を購入しました。

この場合、所得税等はどうなるのでしょうか。

なお、年間所得は、4年間一定とします。

【検証結果】

譲渡年	繰越控除		
損益通算	1 年目	2 年目	3 年目
令和 6 年	令和 7 年	令和 8 年	令和 9 年

⇩　　　　　⇩　　　　　⇩　　　　　⇩

	令和6年	令和7年	令和8年	令和9年
●年間所得	800万円	800万円	800万円	800万円
●譲渡損失	△2,500万円	△1,700万円	△900万円	△100万円
●差引所得	△1,700万円	△900万円	△100万円	700万円
	(所得税、住民税はゼロ)	(ゼロ)	(ゼロ)	(課税)

⇧

所得税等は
700万円に
対して課税

❹　実務での注意点

　譲渡年の前年又は前々年に「3,000万円特別控除」「特定の居住用財産の買換え等の特例」「特定居住用財産の譲渡損失の損益通算及び繰越控除」等の適用を受けている場合には、この特例は適用できません。

　また、繰越控除の適用については、その適用を受ける年の所得が3,000万円を超えないことが要件となります。

(3) 特定居住用財産の譲渡損失の損益通算及び繰越控除

❶　制度の概要

　所有期間が5年を超え、譲渡契約締結日の前日において住宅ローン残高があるなど、一定の要件を満たす居住用財産の譲渡をした場合に、譲渡損失の金額があるときには、譲渡価額が住宅ローン残高を下回るなどの一定の要件を満たす場合に、その年の他の所得との損益通算を認めたうえで、控除しきれなかった損失の金額については、その年の翌年以後3年間にわたり譲渡損失の繰越控除ができることとされています。

　ただし、合計所得金額が3,000万円以下である年分に限られています。

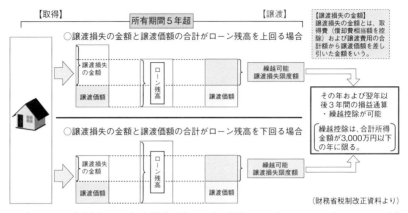

（財務省税制改正資料より）

　また、この制度は、譲渡損失がいくら発生しても、オーバーローンが限度であり、さらには、住宅ローン残高がゼロの場合には、譲渡損がいくら発生しても、この特例は適用できません。

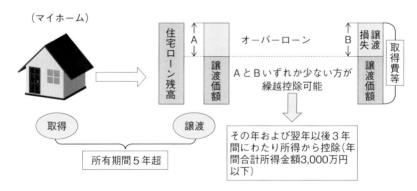

　上の図解の「Ａ」及び「Ｂ」を若干補足します。この制度における「譲渡損失の金額」とは、次に掲げる金額（「Ａ」及び「Ｂ」）のうち、いずれか少ない方の金額となります。

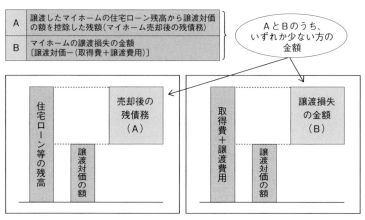

❷　特例の適用要件

　この特例は、ローン残高がある一定の要件を満たす居住用財産を譲渡した場合について、譲渡資産の譲渡損失の金額（特定居住用財産の譲渡損失の金額）を他の所得と損益通算し、通算してもなお控除しきれない部分の金額があるときは、その金額を一定の要件のもとに翌年以後３年間繰り越すことができる特例です。

■特例の適用要件

譲渡資産	買換資産
居住用家屋または家屋とその敷地・借地権の譲渡であること（家屋取壊しから１年以内の土地の譲渡を含む）	**要件なし** （買換資産の取得をしていなくても適用可）
譲渡先が親子や夫婦等の特別関係者でないこと	
譲渡した年の１月１日で所有期間が５年超	
譲渡契約日の前日において住宅借入金等（償還期間が10年以上のもの）の残高があること	

（注）　特定居住用財産の譲渡損失の金額とは、次のいずれか低い金額をいいます。
　　　　・譲渡損失の金額
　　　　・ローン残高から譲渡資産の譲渡対価の額を控除した金額

❸ 【事例】による検証

では、具体的な【事例】によって検証してみましょう。

【事例】

年間所得400万円（課税所得は一定とします）の人が、本年7月に1,500万円で居住用財産を売却（譲渡損失2,500万円発生）しました。その居住用財産には3,700万円の住宅ローン残高（譲渡契約の前日）があった場合の課税はどうなりますか。

【検証結果】

年区分	売却年	1年目	2年目	3年目	4年目
適用区分	損益通算	繰越控除適用期間（3年間）			適用期間外
本来の課税所得	400万円	400万円	400万円	400万円	400万円
譲渡損失（控除枠）	△2,200万円	△1,800万円	△1,400万円	△1,000万円	－
最終的な課税所得	△1,800万円	△1,400万円	△1,000万円	△600万円	400万円
所得税・住民税	ゼロ	ゼロ	ゼロ	ゼロ	課税

3,700万円（住宅ローン残高）－1,500万円（譲渡価額）＝2,200万円＜譲渡損失2,500万円となります。

したがって、特例適用対象の譲渡損失は2,200万円となります。

この【事例】では、譲渡損失（控除枠）の2,200万円は売却年を含め最大4年間にわたって課税所得から控除できます。

まず、売却年は、本来の課税所得の全額が控除され、所得税・住民税はゼロとなります。まだなお1,800万円の控除枠が残りますので、これは翌年に繰り越して、翌年の所得と相殺します。さらに翌々年、翌々々年と繰り返して、本来の課税所得と相殺していきます。

それでも控除枠が600万円残りますが、繰越控除期間は3年間ですので、この600万円は、これ以上繰越控除することはできません。

❹ 実務での注意点

　譲渡年の前年又は前々年に「3,000万円特別控除」「特定の居住用財産の買換え等の特例」「居住用財産の買換え等による譲渡損失の損益通算及び繰越控除」等の適用を受けている場合は、この規定は適用できません。また、繰越控除の適用については、その適用を受ける年の所得が3,000万円を超えないことが要件となります。

■ 3. 既存住宅の耐震改修をした場合の特別控除の適用期限の延長等

（1）適用期限の延長

　平成26年4月1日から令和5年12月31日までの間に所有家屋の耐震改修を行い、その改修後6か月以内にその家屋を居住の用に供した場合には、耐震改修工事をした年分の所得税の額から一定の金額を控除できる制度です。

　既存住宅の耐震改修をした場合の所得税額の特別控除について、適用期限を令和7年12月31日まで2年延長するとともに、次の措置が講じられました。

（2）改正の概要

❶ 耐震改修工事の標準的な工事費用額に係る控除対象限度額

控除対象限度額	控除率
250万円	10%

❷ 控除額の算定

　標準的な工事費用の額について、工事の実績を踏まえて見直しを行うこととされていますが、控除額については、次の算式によって計算されます。

住宅耐震改修に係る耐震工事の標準的な費用の額	×	10%	=	控除額

（最大控除額25万円※）

＊耐震改修費用に含まれる消費税額等のうちに、8％または10％の消費税及び地方消費税の税率により課税される消費税額等が含まれている場合であり、それ以外の場合の控除額は、最高20万円になります。

❸ 適用を受けるための手続き

　この特別控除の適用を受けるには、確定申告書に控除を受ける金額を記載し、かつ、控除に関する明細書、住宅耐震改修明細書、耐震改修費を明らかにする書類等を添付して、入居年の翌年の確定申告期間内（2月16日〜3月15日までの間）に税務署に提出する必要があります。

■ 4．既存住宅に係る特定の改修をした場合の 特別控除の延長と見直し

（1）適用期限の延長

　既存住宅のリフォームを促進することにより、住宅ストックの性能向上を図るため、特定の改修工事（耐震・バリアフリー・省エネ・三世代同居・長期優良住宅化するためのリフォーム工事）をした場合の特例措置を令和7年12月31日まで2年間延長するとともに、従来のローン型と投資型を整理統合し、次のように整理されました。

適用時期	改正前	改正後
	令和5年12月31日	令和7年12月31日

(2) 改正の概要

① 本税額控除の適用対象者の合計所得金額要件を2,000万円以下（改正前：3,000万円以下）に引き下げる。

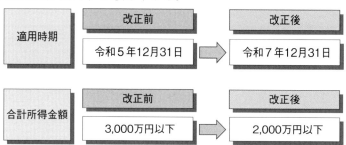

適用時期	改正前	改正後
	令和5年12月31日	令和7年12月31日

合計所得金額	改正前	改正後
	3,000万円以下	2,000万円以下

② 本税額控除の適用対象となる省エネ改修工事のうち省エネ設備の取替え又は取付け工事について、エアコンディショナーに係る基準エネルギー消費効率の引上げに伴い、当該工事の対象設備となるエアコンディショナーの省エネルギー基準達成率を 107％以上（改正前：114％以上）に変更されました。

【特例措置の内容】

・必須工事について対象工事限度額の範囲内で標準的な費用相当額の10％を所得税額から控除されます。

・必須工事の対象工事限度額を超過する部分及びその他のリフォームについても、その他工事として必須工事全体に係る標準的な費用相当額の同額までの5％を所得税額から控除されます。

必須工事			その他工事			最大控除額 （必須工事とその他工事の合計額）
対象工事 （いずれか実施）	対象工事 限度額	控除率	対象工事	対象工事 限度額	控除率	
耐震	250万円	10%	必須工事の対象工事限度額超過分およびその他のリフォーム	必須工事に係る標準的な費用相当額と同額まで（＊2）	5%	62.5万円
バリアフリー	200万円					60万円
省エネ	250万円 （350万円＊1）					62.5万円 （67.5万円＊1）
三世帯同居	250万円					62.5万円
長期優良住宅化 耐震＋省エネ＋耐久性	500万円 （600万円＊1）					75万円 （80万円＊1）
長期優良住宅化 耐震or省エネ＋耐久性	250万円 （350万円＊1）					62.5万円 （67.5万円＊1）

（＊1）表の（　）内の金額は、太陽光発電を設置する場合
（＊2）最大対象工事限度額は、必須工事と合わせて合計1,000万円が限度

■ 5. 認定住宅等の新築等をした場合の
所得税額の特別控除の延長と見直し

　認定長期優良住宅又は認定低炭素住宅の新築等をして平成21年6月4日（認定低炭素住宅は平成26年4月1日）〜令和5年12月31日までの間に居住の用に供した場合には、一定の認定基準に適合するために支出した標準的な性能強化費用の10％相当額を、原則として、その年分の所得税額から控除することができる制度です。居住年だけで控除しきれない場合は、その翌年分の所得税額からも控除できます。

　この制度の適用期限が令和7年12月31日まで2年延長されるとともに、合計所得金額が2,000万円以下（改正前：3,000万円）に引き下げられました。

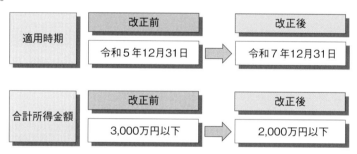

適用時期	改正前	改正後
	令和5年12月31日	令和7年12月31日

合計所得金額	改正前	改正後
	3,000万円以下	2,000万円以下

認定住宅等の新築等をした場合の所得税額の特別控除

控除額	標準的な性能強化費相当額※×10％　※45,300円×床面積（上限650万円）
取得する住宅の要件	長期優良住宅・低炭素住宅・ZEH水準省エネ住宅のいずれかに該当すること。
所得要件	合計所得金額が2,000万円以下であること。

■ 6. 新築住宅の不動産取得税・固定資産税の 税額軽減措置の適用期限の延長

　我が国は「2050年カーボンニュートラルの実現」を宣言、また、2030年度の新たな温室効果ガス削減目標として、2013年度比46%削減を目指すこととしています。そのため2050年に向け、省エネ性能の高い住宅に対して政策による支援を行い、自立的な普及に向けた環境を整備することとしています。その結果、次表に掲げる省エネ性能に優れた新築住宅に係る不動産取得税及び固定資産税の税額の軽減措置の適用期限が2年間延長されました。

適用期限	改正前	改正後
	令和6年3月31日まで	令和8年3月31日まで

■新築住宅の税額の軽減措置

		税額の軽減措置	
		不動産取得税	固定資産税
①	新築住宅に係る税額の軽減措置	・1戸につき：1,200万円まで非課税 ・課税標準からの控除額：1,200万円	＜軽減期間＞ ・3年間（構造・階数要件無し） ・5年間（耐火構造・準耐火構造で地上3階以上のもの）・
②	認定長期優良住宅に係る税額の軽減措置	・1戸につき：1,300万円まで非課税 ・課税標準からの控除額：1,300万円	＜軽減期間＞ ・5年間（構造・階数要件無し） ・7年間（耐火構造・準耐火構造で地上3階以上のもの）・

■ 7．住宅用家屋の登記に係る 登録免許税の軽減措置の延長

　令和6年3月31日までに新築又は売買により取得した住宅用家屋の所得権の保存登記や中古住宅を取得して所有権の移転登記をする場合、住宅取得資金の貸付け等を受けるための抵当権の設定登記を行う場合などの登録免許税の税率の軽減措置の**適用期限が2年間延長**されました。

適用期限	改正前	改正後
	令和6年3月31日まで	令和8年3月31日まで

■住宅用家屋の登記に係る登録免許税の軽減措置

特例措置	登記の区分	本則税率	軽減税率	
一般住宅	所有権保存登記	0.4%		0.15%
	所有権移転登記	2.0%		0.3%
	抵当権設定登記	0.4%		0.1%
買取再販住宅	所有権移転登記	2.0%		0.3%
認定低炭素住宅	所有権保存登記	0.4%		0.1%
	所有権移転登記	2.0%	戸建て	0.1%
認定長期優良住宅	所有権保存登記	0.4%		0.1%
	所有権移転登記	2.0%	戸建て	0.2%
			マンション	0.1%
住宅取得資金の貸付等	抵当権設定登記	0.4%		0.1%

■ 8．不動産の譲渡に関する契約書等に係る 印紙税の税率の特例措置の延長

　不動産譲渡契約書及び工事請負契約書に係る印紙税の特例措置が、令和8年3月31日（改正前：令和6年3月31日）まで2年間延長されました。

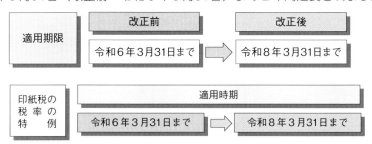

■工事請負契約書及び不動産譲渡契約書に係る印紙税の特例措置

契約金額		本則	特例措置
不動産の譲渡に関する契約書	建設工事の請負に関する契約書		
10万円超　50万円以下	100万円超 200万円以下	400円	200円（50％減）
50万円超 100万円以下	200万円超 300万円以下	1,000円	500円（50％減）
100万円超 500万円以下	300万円超 500万円以下	2,000円	1,000円（50％減）
500万円超	1,000万円以下	1万円	5,000円（50％減）
1,000万円超	5,000万円以下	2万円	1万円（50％減）
5,000万円超	1億円以下	6万円	3万円（50％減）
1億円超	5億円以下	10万円	6万円（40％減）
5億円超	10億円以下	20万円	16万円（20％減）
10億円超	50億円以下	40万円	32万円（20％減）
50億円超		60万円	48万円（20％減）

■ 9. 省エネ性能等に優れた住宅の普及促進に係る 特例措置の延長

　省エネ性能等に優れた住宅の普及を促進するため、以下のとおり認定住宅に係る上乗せ措置について、登録免許税の特例措置を3年間延長、不動産取得税・固定資産税の特例措置を2年間延長することとされました。

	適用期限		
	改正前		改正後
登録免許税	令和6年3月31日		令和9年3月31日
不動産取得税	令和6年3月31日		令和8年3月31日
固定資産税	令和6年3月31日		令和8年3月31日

【不動産取得税】
課税標準からの控除額を
一般住宅特例より増額
⇨ 一般住宅特例1,200万円 → 1,300万円

【固定資産税】
一般住宅特例（1／2を減額）の
適用期間を延長
⇨ 戸建て：3年間→5年間、
　　マンション：5年間→7年間

○認定長期優良住宅に係る特例措置

【登録免許税】
税率を一般住宅特例より引下げ
⇨ 所有権保存登記：一般住宅特例0.15% → 0.1%
⇨ 所有権移転登記：一般住宅特例0.3% → マンション0.1%、戸建て：0.2%

○認定低炭素住宅に係る特例措置

【登録免許税】
税率を一般住宅特例より引下げ
⇨ 所有権保存登記：一般住宅特例0.15% → 0.1%
⇨ 所有権移転登記：一般住宅特例0.3% → 0.1%

《土地税制》

~~ 不動産市場活性化対策 ~~

■ 10. 土地に係る固定資産税等の 負担調整措置及び条例減額制度の延長

《固定資産税・都市計画税》

（1）適用期限の延長

　土地に係る固定資産税について、①現行の負担調整措置及び②市町村等が一定の税負担の引下げを可能とする条例減額制度を令和6年3月31日から令和9年3月31日まで3年間延長することとされました。

適用期限	改正前	改正後
	令和6年3月31日まで	令和8年3月31日まで

　全国的に地価は緩やかに上昇しており、固定資産税（商業地等）は、現行措置を縮小しなくても、過去最大の増税幅での自然増収となる見込みですが、負担調整措置の廃止等を行えば、既に物価高騰などに苦しむ経営者を更に苦しめ、設備投資までも冷え込ませかねないことから、成長に必要な前向きな投資を促進し、経済回復の歩みを着実なものとするためにも、次に掲げる負担調整措置等の延長が必要であるとして3年間の延長が決定されました。

①	宅地等及び農地の負担調整措置については、令和6年度から令和8年度までの間、商業地等に係る条例減額制度及び税負担急増土地に係る条例減額制度を含め、従前の負担調整措置の仕組みを継続する。
②	据置年度において簡易な方法により価格の下落修正ができる特例措置を継続する。

(2) 土地に係る都市計画税の負担調整措置

固定資産税の改正に伴い、都市計画税についても同様の改正が行われています。

要望の結果

特別措置の内容

① 負担調整措置

商業地及び住宅用地について、負担水準（＝前年度の課税標準額÷評価額）に応じて、課税標準額を調整。

課税標準額の算定方法

<商業地>
ア 負担水準が70％以上 → ：評価額の70％
イ 負担水準が60％以上70％未満 → ：前年度の課税標準額と同額（評価額の60％〜70％に据置）
ウ 負担水準が60％未満 → ：前年度の課税標準額に「評価額の5％」を加算した額（評価額の60％が上限）

<住宅地>
ア 負担水準が100％以上 → ：評価額の100％
イ 負担水準が100％未満 → ：前年度の課税標準額に「評価額の5％」を加算した額

② 条例減額制度

・ 商業地等について、課税標準額の上限を「評価額の60％〜70％の範囲で条例で定める値」とすることができる。

・ 住宅地及び商業地等について、課税標準の対前年度増加率に上限（1.1以上で条例で定める割合）を設けることができる。

結 果

現行の負担調整措置、条例減額制度を、3年間（令和6年4月1日〜令和9年3月31日）延長する。

（資料：国土交通省）

相続・贈与課税（相続税・贈与税）編

―― どこが どう変わるか？ ――

I 贈与税は、こうなる!!

■ 1. 直系尊属から住宅を取得等する資金の贈与を 受けた場合の贈与税の非課税制度の延長と見直し

(1) 制度の概要

　住宅取得等資金の贈与の特例とは、平成27年1月1日から令和5年12月31日までの間に、その直系尊属からの贈与により取得等した住宅用家屋の新築・取得（家屋とともに取得する土地等を含みます。）又は増改築に充てるための金銭（以下「住宅取得等資金」といいます。）の贈与を受けた特定受贈者〔直系尊属から贈与を受けた年の1月1日現在で18歳以上の者（納税義務者を除きます。）〕で、合計所得金額が2,000万円以下の者が、住宅用家屋の新築等について一定の要件を満たすときは、非課税限度額までの金額について贈与税が非課税とされる制度です。

　住宅取得環境が悪化する中、住宅の取得に係る負担の軽減及び良質な住宅の普及を促進するため、住宅取得等資金に係る贈与税の非課税措置を3年延長するとともに質の高い住宅の取得等を求める制度に改められました。

(2) 適用期限の3年延長

　この住宅取得等資金贈与の特例の適用期限（令和5年12月31日）が、令和8年12月31日まで3年間延長されました。

（3）質の高い住宅《省エネ等住宅》の要件の見直し

　この特例の非課税額が1,000万円となる省エネ等対象住宅の適用要件が、次のように引き上げられ、令和6年1月1日以後に贈与を受けて新築等する住宅等について適用することとされました。

　非課税限度額の上乗せ措置の適用対象となるエネルギーの使用の合理化に著しく資する住宅用の家屋の要件について、住宅用家屋の新築又は建築後使用されたことのない住宅用家屋の取得をする場合にあっては、当該住宅用家屋の省エネ性能が断熱等性能等級5以上かつ一次エネルギー消費量等級6以上（改正前：断熱等性能等級4以上又は一次エネルギー消費量等級4以上）であることとされました。

（注1）　上記の改正は、令和6年1月1日以後に贈与により取得する住宅取得等資金に係る贈与税について適用されます。

（注2）　令和6年1月1日以後に住宅取得等資金の贈与を受けて住宅用家屋の新築又は建築後使用されたことのない住宅用家屋の取得をする場合において、当該住宅用家屋の省エネ性能が断熱等性能等級4以上又は一次エネルギー消費量等級4以上であり、かつ、当該住宅用家屋が次のいずれかに該当するものであるときは、当該住宅用家屋をエネルギーの使用の合理化に著しく資する住宅用の家屋とみなします。

　　イ　令和5年12月31日以前に建築確認を受けているもの
　　ロ　令和6年6月30日以前に建築されたもの

住宅取得等資金に係る贈与税の非課税措置等

○ 住宅取得等資金に係る贈与税の非課税措置について、以下のとおり3年間(令和6年1月1日〜令和8年12月31日)延長する。

贈与税非課税限度額	質の高い住宅	一般住宅
	1,000万円	500万円

床面積要件	50㎡以上 ※合計所得金額が1,000万円以下の受贈者に限り、40㎡以上50㎡未満の住宅についても適用。

質の高い住宅の要件	以下のいずれかに該当すること。

新築住宅	① 断熱等性能等級5以上かつ一次エネルギー消費量等級6以上 ※令和5年末までに建築確認を受けた住宅又は令和6年6月30日までに建築された住宅は、断熱等性能等級4以上又は一次エネルギー消費量等級4以上 ② 耐震等級2以上又は免震建築物 ③ 高齢者等配慮対策等級3以上
既存住宅・増改築	① 断熱等性能等級4以上又は一次エネルギー消費量等級4以上 ② 耐震等級2以上又は免震建築物 ③ 高齢者等配慮対策等級3以上

■ 2．特定の贈与者から住宅取得等資金の贈与を受けた 場合の相続時精算課税制度の特例の延長

　令和４年１月１日から令和８年12月31日（改正前：令和５年12月31日）までの間に直系尊属から住宅取得等資金を受贈し、一定の要件に該当すれば、その贈与者がその年の１月１日において「60歳未満」であっても、その住宅取得等資金について相続時精算課税制度を適用することができます。この特例措置について３年間延長することとされました。

適用期限	改正前	改正後
	令和５年12月31日	令和８年12月31日

Ⅱ 相続税は、こうなる!!

■ 1. 個人版・法人版事業承継税制に係る 「承継計画」の提出期限の延長

　事業承継税制は、中小企業の円滑な世代交代を通じた生産性向上のために、事業承継時の贈与税・相続税負担をゼロにする時限措置です。コロナの影響が長期化したことを踏まえ、個人版事業承継では「個人事業承継計画」の都道府県知事への提出期限について、法人版事業承継では、「特例承継計画」の都道府県知事への提出期限を、それぞれ２年間延長し令和８年３月31日まで延長することとされ、早期事業承継への支援体制の強化が図られています。

改正概要　※赤字が改正箇所
【特例承継計画の提出期限：法人版・個人版いずれも令和７年度末】

法人版事業承継税制に係る手続		
都道府県庁	特例承継計画の策定・確認申請	2026年３月31日まで
	事業承継（贈与・相続）	2027年12月31日まで
	認定申請	申告期限の２ヶ月前までに
税務署	税務署へ申告	● 認定書の写しとともに、贈与税の申告書等を提出。
都道府県・税務署	税務申告後５年以内	● 都道府県及び税務署へ毎年報告。
税務署	６年目以後	● 税務署へ３年に１度報告。

個人版事業承継税制に係る手続		
都道府県庁	個人事業承継計画の策定・確認申請	2026年３月31日まで
	事業承継（贈与・相続）	2028年12月31日まで
	認定申請	申告期限の２ヶ月前までに
税務署	税務署へ申告	● 認定書の写しとともに、贈与税の申告書等を提出。
	税務申告後	● 税務署へ３年に１度報告。

（経産省資料）

55

■ 2．分譲マンション（居住用の区分所有財産）の評価額の計算方法の改正

（1）分譲マンション（居住用の区分所有財産）の評価額の計算方法

　いわゆる居住用の高層マンションを含む「分譲マンション」の相続税評価額と時価との乖離が生じていることを踏まえ、令和6年1月1日以後に相続や贈与等により取得した分譲マンション（2階建て以下の低層マンション、2世帯住宅や一棟買いの賃貸マンションなどは除かれます。）については、高層マンションに限らず、一般の居住用マンションについても、相続税の評価額の計算方法の見直しが行われ、新たに定められた個別通達によって評価することとされました。（令和5年9月28日付課評2-74ほか1課共同「居住用の区分所有財産の評価について」）

　改正後の評価額の計算方法は、そのマンションを従来の評価方法によって評価した評価額（区分所有登記をされた居住用建物部分の価額＋その敷地利用権部分の価額＝合計額）に、一定の区分所有補正率《評価水準》を乗じて評価することとされました。

■改正後の居住用マンションの評価額の計算

従来の評価方法によって評価した区分所有権の評価額 ×	区分所有補正率

区分所有登記をされた居住用建物部分の評価額＋その敷地利用権部分の評価額＝合計額

　上記算式中の「区分所有補正率」は、❶評価乖離率➡❷評価水準➡❸区分所有補正率の順に計算します。

❶　評価乖離率

　評価乖離率は、次の算式で求めます。

■ 評価乖離率＝A＋B＋C＋D＋3.220

　上の算式の「A」、「B」、「C」及び「D」は、それぞれ次によります。

A	一棟の区分所有建物の築年数×△0.033（1年未満の端数は、1年とします。）
B	一棟の区分所有建物の総階数指数×0.239 （小数点以下第4位を切り捨てます。1を超える場合は、1とします。）
C	その一室の区分所有権等に係る専有部分の所在階×0.018 （区分所有階数が複数階にまたがる場合は、階数が低い方の階。 占有部分の所在階が地階の場合は、Cの値は零（0）とします。）
D	その一室の区分所有権等に係る敷地持分狭小度×△1.195（小数点以下第4位を切上げ） 敷地持分狭小度＝敷地利用権の面積÷占有部分の面積（小数点以下第3位を切上げ）

❷　評価水準

評価水準（評価乖離率の逆数）＝ 1÷評価乖離率

❸　区分所有補正率

「区分所有補正率」は、それぞれ次の区分により判定します。

区　分	区分所有補正率
評価水準＜0.6	評価乖離率 × 0.6
0.6 ≦ 評価水準 ≦1	補正なし（従来の評価額で評価）
1 ＜ 評価水準	評価乖離率

❹　マンション評価額の算出

上記❷で算出した「評価水準」の区分に応じた❸の「区分所有補正率」の数値を次の算式に当てはめて居住用マンションの評価額を求めます。

①　区分登記された居住用建物の従来の所有権の価額＊ × 上記❸の「区分所有補正率」

　　＊家屋の固定資産税評価額 × 1.0

②　従来の敷地利用権の価額＊ × 上記❸の「区分所有補正率」

　　＊路線価1㎡当たりの価額×地積×敷地権割合（共有持分割合）
　　（固定資産税評価額×評価倍率）

③　マンションの評価額＝①＋②

　なお、居住用の区分所有財産が貸家及び貸家建付地である場合には、その貸家及び貸家建付地並びに小規模宅地等の特例の適用に際しては、この個別通達適用後の価額を基にして行うことになります。

この個別通達が適用されないもの

上記（1）の個別通達が適用されないものとしては、次のようなものが挙げられています。

・構造上、主として居住の用に供することができるもの以外のもの（事業用のテナント物件など）

・区分建物としての登記がされていないもの

・地階（登記簿上「地下」と記載されているもの。以下同じ）を除く総階数が2以下のもの（総階数2以下の低層集合住宅など）

・一棟の区分所有建物に存する居住の用に供する専有部分一室の数が3以下である、その全てを区分所有者又はその親族の居住の用に供するもの（いわゆる二世帯住宅など）

・棚卸商品に該当するもの

・借地権付分譲マンションの敷地の用に供されている「貸宅地（底地」の評価をする場合など

(2)【事例】による計算例

　居住用分譲マンション（居住用区分所有財産）に関する事項は、次のとおりです。

【事例】
1. 種　類：居宅	6. 敷地の面積　　：3,630.30㎡
2. 築年数：15年	7. 敷地権の割合　：1,500,000分の6,319
3. 総階数：11階	8. 敷地利用権の面積：19.95㎡
4. 所在階：　3階	9. 従来の区分所有権の価額：5,000,000円
5. 専有部分の面積：　59.69㎡	10. 従来の敷地利用権の価額：10,000,000円

【計算】

❶ 「評価乖離率」の計算

① Aの計算：
A ＝ 15年×△0.033 ＝△0.495

② Bの計算
総階数指数＝ 11階÷33 ＝ 0.333
B ＝ 0.333×0.239 ＝ 0.079

③ Cの計算
C ＝ 3階×0.018 ＝ 0.054

④ Dの計算
敷地持分狭小度＝ 19.95㎡÷59.69㎡＝ 0.335
D ＝ 0.335×△1.195 ＝△0.401

⑤ 評価乖離率＝ A ＋ B ＋ C ＋ D ＋ 3.220
＝△0.495 ＋ 0.333 ＋ 0.333 ＋ 0.335 ＋ 3.220 ＝ 2.457

❷ 「評価水準」の計算
評価水準＝ 1 ÷2.457 ＝ 0.4070004070…

❸ 「区分所有補正率」の計算
評価水準（0.4070004070…）＜ 0.6
区分所有補正率＝評価乖離率×0.6 ＝ 2.457×0.6 ＝ 1.4742

❹ 居住用マンションの評価額

① 区分所有権の価額： 5,000,000円×1.4742 ＝ 7,371,000円

② 敷地利用権の価額：10.000,000円×1.4742 ＝ 14,742,000円

③ 居住用マンションの評価額：22,113,000円

∴ ①＋②＝ 22,113,000円

上記❸の「区分所有補正率」は、国税庁ホームページに簡便に計算
できる『計算書』が掲載されています。（次ページの様式参照）

■ 居住用の区分所有財産の評価に係る区分所有補正率の計算明細書

居住用の区分所有財産の評価に係る区分所有補正率の計算明細書

（住居表示）	（	）	
所 在 地 番			
家 屋 番 号			

（令和六年一月一日以降用）

区分所有補正率の計算	A	① 築年数（注1）　　　　　　　年			①×△0.033
	B	② 総階数（注2）　　　　　　階	③ 総階数指数（②÷33）（小数点以下第4位切捨て。1を超える場合は1）		③×0.239（小数点以下第4位切捨て）
	C	④ 所在階（注3）　　　　　　階			④×0.018
	D	⑤ 専有部分の面積　　　　　㎡	⑥ 敷地の面積　　　　　　㎡	⑦ 敷地権の割合（共有持分の割合）	
		⑧ 敷地利用権の面積（⑥×⑦）（小数点以下第3位切上げ）　　㎡	⑨ 敷地持分狭小度（⑧÷⑤）（小数点以下第4位切上げ）		⑨×△1.195（小数点以下第4位切上げ）
	⑩ 評価乖離率（A＋B＋C＋D＋3.220）				
	⑪ 評価水準（1÷⑩）				
	⑫ 区 分 所 有 補 正 率（注4・5）				
備考					

(注1)　「① 築年数」は、建築の時から課税時期までの期間とし、1年未満の端数があるときは1年として計算します。

(注2)　「② 総階数」に、地階（地下階）は含みません。

(注3)　「④ 所在階」について、一室の区分所有権等に係る専有部分が複数階にまたがる場合は階数が低い方の階とし、一室の区分所有権等に係る専有部分が地階（地下階）である場合は0とします。

(注4)　「⑫ 区分所有補正率」は、次の区分に応じたものになります（補正なしの場合は、「⑫ 区分所有補正率」欄に「補正なし」と記載します。）。

区　　　　　分	区分所有補正率※
評　価　水　準　＜　0.6	⑩ × 0.6
0.6 ≦ 評　価　水　準　≦　1	補正なし
1　＜　評　価　水　準	⑩

　　※　区分所有者が一棟の区分所有建物に存する全ての専有部分及び一棟の区分所有建物の敷地のいずれも単独で所有（以下「全戸所有」といいます。）している場合には、敷地利用権に係る区分所有補正率は1を下限とします。この場合、「備考」欄に「敷地利用権に係る区分所有補正率は1」と記載します。

　　　　ただし、全戸所有している場合であっても、区分所有権に係る区分所有補正率には下限はありません。

(注5)　評価乖離率が0又は負数の場合は、区分所有権及び敷地利用権の価額を評価しないこととしていますので、「⑫ 区分所有補正率」欄に「評価しない」と記載します（全戸所有している場合には、評価乖離率が 0 又は負数の場合であっても、敷地利用権に係る区分所有補正率は1となります。）。

（資4−25−4−A4統一）

法人課税（法人税・消費税）編

──どこが どう変わるか？──

I 法人税は、こうなる!!

■ 1. 賃上促進税制の拡充及び延長 ■

（1）改正の背景とその概要

　岸田内閣は2024年夏までに国民所得の伸びが物価上昇を上回るのを悲願としています。それを実現するためには、絶対条件として賃上げが不可欠となります。そこで、前年度から7％以上の賃上げをした企業に増額分の25％を税額控除する仕組みが創設されました。女性活躍や子育て支援に貢献する企業には、さらなる税額控除を上乗せし、大企業・中堅企業では最大35％、中小企業なら45％控除できる制度です。赤字が過半数を占める中小企業では賃上げしても税優遇の恩恵にあずかれません。

　そこで、税額控除繰越制度を創設し、5年間を限度として黒字になる決算期まで控除額を持ち越して活用できることとされました。

　大企業では、前年度から継続雇用者の給与総額の賃上率は、従来まで3％以上と4％以上の2段階で税優遇を区別していましたが、改正では、新たに5％以上と7％以上を加え、3％以上増加した企業には増加分の10%を法人税額控除できることとし、4％以上は15%、5％以上なら20%、7％以上なら25%とされました。

　さらに今回、新たに枠が設けられた中堅企業では、3％以上アップで10%、4％以上なら25%となります。また、中小企業では、継続雇用者だけでなく全体の給与総額の増加に注目。給与総額を1.5%以上増やせば増加分の15%を税額控除、2.5%以上なら控除は30%となります。

　また、女性活躍企業に与える「えるぼし」と子育て支援が手厚い企業に与える「くるみん」の認定企業には5％が上乗せされます。学び直し（リ

スキング）を実施する企業への税優遇としては、教育訓練費を前年度から
10％増加した大企業、中堅企業は５％、中小企業には10％を上乗せするこ
ととされています。

		改正後					改正前			
	継続雇用者 給与総額	基本控除率	教育訓練費 +20%⇒+10% [要件緩和]	女性活躍 子育て支援* 【新設】	合計控除率 最大35%		賃上げ 要件	控除率	教育訓練 +20%	合計 最大30%
大企業 （見直し後）	+3%	10%	+5%	+5%	20%	←	+3%	15%	+5%	20%
	+4%	15%			25%	←	+4%	25%		30%
	+5%	20%			30%	←	−	−		−
	+7%	25%			35%	←	−	−		−

*プラチナくるみん or プラチナえるぼし

		改正後					改正前			
	継続雇用者 給与総額	基本控除率	教育訓練費 +10%⇒+10% [要件緩和]	女性活躍 子育て支援* 【新設】	合計控除率 最大35%		賃上げ 要件	控除率	教育訓練 +20%	合計 最大30%
中堅企業	+3%	10%	+5%	+5%	20%	←	+3%	15%	+5%	20%
	+4%	25%			35%	←	+4%	25%		30%

*プラチナくるみん or えるぼし三段階目以上

		改正後					改正前			
	継続雇用者 給与総額	基本控除率	教育訓練費 +10%⇒+5% [要件緩和]	女性活躍 子育て支援* 【新設】	合計控除率 最大45%		賃上げ 要件	控除率	教育訓練 +10%	合計 最大40%
中小企業	+1.5%	15%	+10%	+5%	30%	←	+1.5%	15%	+10%	25%
	+2.5%	30%			45%	←	+2.5%	30%		40%

*くるみん or えるぼし二段階目以上

３年間の措置（改正前：２年間）

中小企業の繰越控除新設：5年間
（繰越控除する年度は全雇用者給与総額
対前年度増が要件）

（※1）控除上限：当期の法人税額の20%
（※2）教育訓練費の上乗せ要件について、当期の給与総額の0.05%以上との要件を追加。
（※3）くるみん：仕事と子育ての両立サポートや、多様な労働条件・環境整備等に積極的に取り組む
　　　企業に対する厚生労働大臣の認定
　　　えるぼし：女性の活躍推進に関する状況や取組等が優良な企業に対する厚生労働大臣の認定

（財務省資料）

(2) 改正の内容

　給与等の支給額が増加した場合の税額控除制度について、次の措置が講
じられました。（所得税についても同様です。）

❶　税額控除率の引下げ《全法人向けの措置》

　全法人向けの措置について、次の見直しを行った上、その適用期限が３
年延長されました。

　イ　原則の税額控除率を10％（改正前：15％）に引き下げられます。

　ロ　税額控除率の上乗せ措置を次の場合の区分に応じそれぞれ次のとお
　　　りとします。

（イ）　継続雇用者給与等支給額の継続雇用者比較給与等支給額に対する増加割合が４％以上である場合税額控除率に５％（その増加割合が５％以上である場合には10％とし、その増加割合が７％以上である場合には15％とする。）を加算されます。

（ロ）　教育訓練費の額の比較教育訓練費の額に対する増加割合が10％以上であり、かつ、教育訓練費の額が雇用者給与等支給額の0.05％以上である場合、税額控除率に５％が加算されます。

（ハ）　プラチナくるみん認定又はプラチナえるぼし認定を受けている場合、税額控除率に５％が加算されます。

ハ　本措置の適用を受けるために「給与等の支給額の引上げの方針、取引先との適切な関係の構築の方針その他の事項」を公表しなければならない者には、常時使用する従業員の数が2,000人を超えるものが加えられます。

ニ　本措置の適用を受けるために公表すべき「給与等の支給額の引上げの方針、取引先との適切な関係の構築の方針その他の事項」における取引先に消費税の免税事業者が含まれることをも明確化されます。

❷　中堅企業枠を創設

　青色申告書を提出する法人で常時使用する従業員の数が2,000人以下であるもの（その法人及びその法人との間にその法人による支配関係がある法人の常時使用する従業員の数の合計数が１万人を超えるものを除きます。）が、令和６年４月１日から令和９年３月31日までの間に開始する各事業年度において国内雇用者に対して給与等を支給する場合において、継続雇用者給与等支給額の継続雇用者比較給与等支給額に対する増加割合が３％以上であるときは、控除対象雇用者給与等支給増加額の10％の税額控除ができる措置を加えます。この場合において、継続雇用者給与等支給額の継続雇用者比較給与等支給額に対する増加割合が４％以上であるときは、税額控除率に15％を加算し、教育訓練費の額の比較教育訓練費の額に対する増加割合が10％以上であり、かつ、教育訓練費の額が雇用者給与等

支給額の0.05％以上であるときは、税額控除率に５％を加算し、当期がプラチナくるみん認定若しくはプラチナえるぼし認定を受けている事業年度又はえるぼし認定（３段階目）を受けた事業年度であるときは、税額控除率に５％を加算します。ただし、控除税額は、当期の法人税額の20％を上限とします。

（注）　資本金の額等が10億円以上であり、かつ、常時使用する従業員の数が1,000人以上である場合には、給与等の支給額の引上げの方針、取引先との適切な関係の構築の方針その他の事項をインターネットを利用する方法により公表したことを経済産業大臣に届け出ている場合に限り、適用があるものとします。

❸　中小企業向けの措置

　中小企業向けの措置について、次の見直しを行い、控除限度超過額は５年間の繰越しができることとした上、その適用期限を３年延長します。

　　イ　教育訓練費に係る税額控除率の上乗せ措置について、教育訓練費の額の比較教育訓練費の額に対する増加割合が５％以上であり、かつ、教育訓練費の額が雇用者給与等支給額の0.05％以上である場合に税額控除率に10％を加算する措置とします。

　　ロ　当期がプラチナくるみん認定若しくはプラチナえるぼし認定を受けている事業年度又はくるみん認定若しくはえるぼし認定（２段階目以上）を受けた事業年度である場合に税額控除率に５％を加算する措置を加えます。

（注）　繰越税額控除制度は、繰越税額控除をする事業年度において雇用者給与等支給額が比較雇用者給与等支給額を超える場合に限り、適用できることとします。

④　給与等の支給額から控除する「給与等に充てるため他の者から支払を受ける金額」に看護職員処遇改善評価料及び介護職員処遇改善加算その他の役務の提供の対価の額が含まれないこととします。

 上記❶～❸の改正は、令和６年４月１日〜令和９年３月31日までの間に開始する各事業年度において適用されます。

■2．大企業に係る特定税額控除規定の 不適用措置の延長と見直し

　この措置は収益が拡大しているにもかかわらず、賃上げにも投資にも、特に消極的な大企業に対して、研究開発税制などの一部の租税特別措置の税額控除制度の適用を停止する措置です。これらの停止措置は、「特別税額控除規定」といわれています。

■租税特別措置の税額控除の適用停止措置一覧

・研究開発税制

・地域未来投資促進税制

・5G導入促進税制

・デジタルトランスフォーメーション投資促進税制

・カーボンニュートラル投資促進税制

　今回の改正では、このような研究開発税制等の一部の租税特別措置の税額控除の適用を停止する措置について、その期間を3年間延長（令和8年度末まで）するとともに、要件を一部見直すことになりました。

制度概要【適用期限：令和8年度末まで】※赤字：令和6年度税制改正における変更点

下記の①〜③の全てを満たす資本金1億円超の大企業は不適用措置の対象。

①所得金額：対前年比で増加

②継続雇用者の給与等支給額：
・大企業（下記以外の場合）：対前年度以下
・前年度が黒字の大企業（資本金10億円以上かつ従業員数1,000任以上、又は、従業員数2,000人超）：
対前年度増加率1％未満

③国内設備投資額：
・大企業（下記以外の場合）：当期の減価償却費の3割以下
・前年度が黒字の大企業（資本金10億円以上かつ従業員数1,000任以上、又は、従業員数2,000人超）：
当期の減価償却費の4割以下

　特定税額控除規定を適用できないこととする措置について、次の見直しを行った上、その適用期限が3年延長されます。（所得税についても同様

として します。）

① 資本金の額等が10億円以上であり、かつ、常時使用する従業員の数が1,000人以上である場合及び前事業年度の所得の金額が零を超える一定の場合のいずれにも該当する場合における要件の上乗せ措置について、次の見直しを行います。

　イ　本措置の対象に、常時使用する従業員の数が2,000人を超える場合及び前事業年度の所得の金額が零を超える一定の場合のいずれにも該当する場合を加えます。

　ロ　国内設備投資額に係る要件を、国内設備投資額が当期償却費総額の40％（改正前：30％）を超えることとします。

② 継続雇用者給与等支給額に係る要件を判定する場合に給与等の支給額から控除する「給与等に充てるため他の者から支払を受ける金額」に看護職員処遇改善評価料及び介護職員処遇改善加算その他の役務の提供の対価の額が含まれないこととします。

■ 3．戦略分野国内生産促進税制の創設

　経済安全保障の観点から日本国内で安定的に生産するのが望ましい戦略分野の物質について、国内生産を促す新たな税制を導入することになりました。半導体や電気自動車（EV）の生産量や販売量に応じて減税し、事業計画の認定時から10年間にわたって税額控除します。このように長期的に税支援をすることによって、重要物資を巡る国内投資を呼び込む戦略として5分野を指定、①EV・蓄電池、②半導体、③再生可能エネルギーを使用して生産した鉄のグリーンスティール、④植物から製造した化学製品のグリーンケミカル、⑤再生航空燃料（SAF）です。

　税額控除額は、EV車は1台当たり40万円、半導体は1枚当たり最大2.9万円、グリーンスティールは1トン当たり2万円、グリーンケミカルは1トン当たり5万円、SAFは1リットル当たり30円となります。これらに生

産量や販売量をかけあわせて税額控除額が算定されますが、税額控除の上限は半導体で法人税額の20％、それ以外は40％となりました。

　ただし、企業が赤字であった場合、黒字になるまで半導体は３年間、それ以外は４年間と税優遇を受けることになります。戦略分野をめぐり米国のインフレ抑制（IRA）法、CHIPS法や欧州のグリーン・ディール産業計画をはじめ、戦略分野の国内投資を強力に推進する世界的な産業政策競争が活発化、日本もそれに対抗する措置が今回の税制改正です。

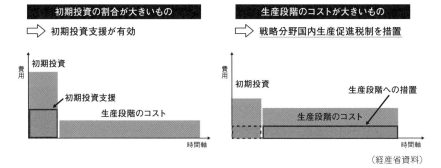

（経産省資料）

大胆な国内投資促進策をするための措置

- 対象物資ごとの生産・販売量に応じた税額控除措置
  - ➢ 戦略的に取り組むべき分野として、産業競争力強化法に対象物資を法定
  - ➢ 本税制の対象分野のうちGX分野については、GX経済移行債による財源を活用
- 産業競争力強化法に基づく事業計画の認定から10年間の措置期間＋最大４年※の繰越期間
- 法人税額の最大40％※を控除可能とする等の適切な上限設定

※ 半導体については繰越期間３年、法人税の20％まで控除可能

対象物資ごとの単位あたり控除額

物資		控除額
電気自動車等	EV・FCV	40万円/台
	軽EV・PHEV	20万円/台
グリーンスチール		2万円/トン
グリーンケミカル		5万円/トン
持続可能な航空燃料（SAF）		30円/リットル

	物資	控除額
半導体	マイコン	28-45nm相当	1.6万円/枚
		45-65nm相当	1.3万円/枚
		65-90nm相当	1.1万円/枚
		90nm以上	7千円/枚
	アナログ半導体（パワー半導体含む）	パワー（Si）	6千円/枚
		パワー（SiC, GaN）	2.9万円/枚
		イメージセンサー	1.6万円/枚
		その他	4千円/枚

（注）競争力強化が見込まれる後半年度には、控除額を段階的に引き下げる。（生産開始時から８年目に75％、９年目に50％、10年目に25％に低減）
　　 半導体は、200mmウェハ換算での単位あたり控除額。

（経産省資料）

　産業競争力強化法の改正を前提に、青色申告書を提出する法人で同法の
改正法の施行の日から令和９年３月31日までの間にされた産業競争力強化
法の事業適応計画の認定に係る同法の認定事業適応事業者（その事業適応
計画にその計画に従って行うエネルギー利用環境負荷低減事業適応のため
の措置として同法の産業競争力基盤強化商品（仮称）の生産及び販売を行
う旨の記載があるものに限ります。）であるものが、その事業適応計画に
記載された産業競争力基盤強化商品の生産をするための設備の新設又は増
設をする場合において、その新設又は増設に係る機械その他の減価償却資
産（以下「産業競争力基盤強化商品生産用資産」という。）の取得等をして、
国内にある事業の用に供したときは、その認定の日以後10年以内（以下「対
象期間」という。）の日を含む各事業年度において、その産業競争力基盤
強化商品生産用資産により生産された産業競争力基盤強化商品のうちその
事業年度の対象期間において販売されたものの数量等に応じた金額とその
産業競争力基盤強化商品生産用資産の取得価額を基礎とした金額（既に本
制度の税額控除の対象となった金額を除きます。）とのうちいずれか少な
い金額の税額控除ができることとします。ただし、控除税額は、デジタル
トランスフォーメーション投資促進税制の税額控除制度による控除税額及
びカーボンニュートラルに向けた投資促進税制の税額控除制度による控除
税額との合計で当期の法人税額の40％（半導体生産用資産にあっては、
20％）を上限とし、控除限度超過額は４年間（半導体生産用資産にあって
は、３年間）の繰越しができます。

（注１）　上記の「産業競争力基盤強化商品」とは、次の商品をいい、数量等に応じた金
額は、次の産業競争力基盤強化商品の区分に応じ次の金額とします。ただし、そ
の産業競争力基盤強化商品生産用資産を事業の用に供した日（以下「供用日」と
いう。）以後７年を経過する日の翌日からその供用日以後８年を経過する日までの
期間内に販売された産業競争力基盤強化商品にあっては次の金額の75％相当額と
し、その供用日以後８年を経過する日の翌日からその供用日以後９年を経過する
日までの期間内に販売された産業競争力基盤強化商品にあっては次の金額の50％
相当額とし、その供用日以後９年を経過する日の翌日以後に販売された産業競争
力基盤強化商品にあっては次の金額の25％相当額とします。

① 半導体

次の半導体の区分に応じ１枚（直径200ミリメートル換算）当たりそれぞれ次の金額

イ　マイコン半導体のうちテクノロジーノード28ナノメートルから45ナノメートルまで相当のもの１万6,000円

ロ　マイコン半導体のうちテクノロジーノード45ナノメートルから65ナノメートルまで相当のもの１万3,000円

ハ　マイコン半導体のうちテクノロジーノード65ナノメートルから90ナノメートルまで相当のもの１万1,000円

ニ　マイコン半導体のうちテクノロジーノード90ナノメートル以上相当のもの7,000円

ホ　パワー半導体のうちウエハーが主としてけい素で構成されるもの6,000円

ヘ　パワー半導体のうちウエハーが主として炭化けい素又は窒化ガリウムで構成されるもの２万9,000円

ト　アナログ半導体のうちイメージセンサー１万8,000円

チ　その他のアナログ半導体4,000円

② 電動車１台当たり20万円（軽自動車でない電気自動車及び燃料電池自動車にあっては、40万円）

③ 鉄鋼１トン当たり２万円

④ 基礎化学品１トン当たり５万円

⑤ 航空機燃料１リットル当たり30円

（注２）　上記の「産業競争力基盤強化商品生産用資産の取得価額を基礎とした金額」は、その産業競争力基盤強化商品生産用資産及びこれとともにその産業競争力基盤強化商品を生産するために直接又は間接に使用する減価償却資産に係る投資額の合計額として事業適応計画に記載された金額とします。

（注３）　所得の金額が前期の所得の金額を超える一定の事業年度で、かつ、次のいずれにも該当しない事業年度においては、本制度（繰越税額控除制度を除く。）を適用しないこととします。

① 継続雇用者給与等支給額の継続雇用者比較給与等支給額に対する増加割合が１％以上であること。

② 国内設備投資額が当期償却費総額の40％を超えること。

（注４）　半導体生産用資産に係る控除税額を除き、本制度による控除税額は、地方法人税の課税標準となる法人税額から控除しない。

■ 4．イノベーションボックス税制の創設 ■

　イノベーションの国際競争が激化する中、研究開発拠点としての立地競争力を強化し、民間による無形資産投資を後押しすることを目的として、特許やソフトウェア等の知財から生じる所得に減税措置を適用するイノベーション拠点税制（イノベーションボックス税制）を創設することになりました。2000年代からEU各国で導入が始まり、最近ではシンガポール、香港などアジア近隣諸国でも導入されています。

（1）イノベーションボックス税制とは

　イノベーションボックス税制とは、知財から得る収入を税優遇して法人税負担を軽減する税制度で、具体的には①国内で研究開発した知財そのものの売却収入②知財のライセンス収入などが対象となります。

　令和6年4月以降に取得した特許権や著作権の譲渡所得とライセンス所得の30%について課税所得から控除、令和7年4月から7年間可能とします。研究成果を税優遇の対象にすることで、企業は研究開発にはげみがつき、ひいては企業の利益に結びつき、法人税収にもつながりますが、他に研究開発費用を税額控除できる研究開発税制が存在しますが、この税制は、もともと製造業を対象にしているため、知財には活用できませんでした。イノベーションボックス税制は各国で盛んになり、イノベーション税制の対象になると税率は10%に軽減される国が多くあります。日本の知財への税率が高いままだと研究開発拠点を日本に誘致できません。

　この10年間の伸び率は、日本は1.1倍、アメリカは1.5倍、中国は2.4倍です。世界知的所有権機関（WIPO）が公表した2023年のグローバルイノベーション指数は、日本13位。これらの諸事情を考慮して、今回の税制改正となったということです。

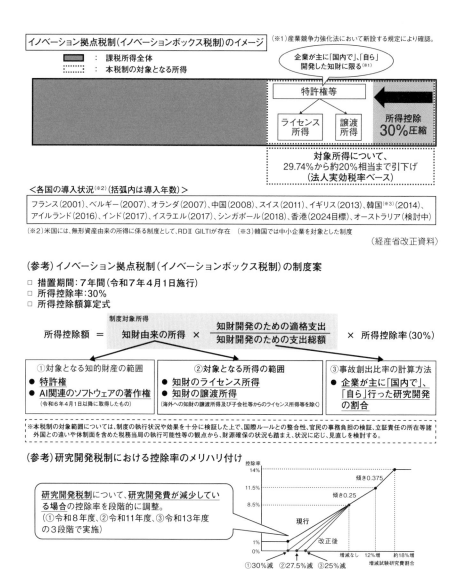

イノベーション拠点税制（イノベーションボックス税制）のイメージ

（※1）産業競争力強化法において新設する規定により確認。

■ ： 課税所得全体
┈┈ ： 本税制の対象となる所得

企業が主に「国内で」、「自ら」
開発した知財に限る（※1）

特許権等

ライセンス所得　譲渡所得

所得控除
30%圧縮

対象所得について、
29.74%から約20%相当まで引下げ
（法人実効税率ベース）

＜各国の導入状況（※2）（括弧内は導入年数）＞

フランス(2001)、ベルギー(2007)、オランダ(2007)、中国(2008)、スイス(2011)、イギリス(2013)、韓国（※3）(2014)、アイルランド(2016)、インド(2017)、イスラエル(2017)、シンガポール(2018)、香港(2024目標)、オーストラリア(検討中)

（※2）米国には、無形資産由来の所得に係る制度として、RDⅡ GILTIが存在　（※3）韓国では中小企業を対象とした制度

（経産省改正資料）

(参考) イノベーション拠点税制（イノベーションボックス税制）の制度案

□ 措置期間：7年間（令和7年4月1日施行）
□ 所得控除率：30%
□ 所得控除額算定式

制度対象所得

$$所得控除額 = 知財由来の所得 \times \frac{知財開発のための適格支出}{知財開発のための支出総額} \times 所得控除率（30%）$$

①対象となる知的財産の範囲
● 特許権
● AI関連のソフトウェアの著作権
（令和6年4月1日以降に取得したもの）

②対象となる所得の範囲
● 知財のライセンス所得
● 知財の譲渡所得
（海外への知財の譲渡所得及び子会社等からのライセンス所得等を除く）

③事故創出比率の計算方法
● 企業が主に「国内で」、「自ら」行った研究開発の割合

※本税制の対象範囲については、制度の執行状況や効果を十分に検証した上で、国際ルールとの整合性、官民の事務負担の検証、立証責任の所在等諸外国との違いや体制面を含めた税務当局の執行可能性等の観点から、財源確保の状況も踏まえ、状況に応じ、見直しを検討する。

(参考) 研究開発税制における控除率のメリハリ付け

研究開発税制について、研究開発費が減少している場合の控除率を段階的に調整。
（①令和8年度、②令和11年度、③令和13年度の3段階で実施）

控除率
14%
11.5%
8.5%
1%
0%

傾き0.375
傾き0.25
現行
改正後

増減なし　12%増　約18%増
増減試験研究費割合

①30%減　②27.5%減　③25%減

（経産省改正資料）

(2) 制度の概要

　青色申告書を提出する法人が、令和7年4月1日から令和14年3月31日までの間に開始する各事業年度において居住者若しくは内国法人（関連者であるものを除きます。）に対する特定特許権等の譲渡又は他の者（関連者であるものを除きます。）に対する特定特許権等の貸付け（以下「特許権譲渡等取引」といいます。）を行った場合には、次の金額のうちいずれか少ない金額の30％に相当する金額は、その事業年度において損金算入できることとされます。

① 　その事業年度において行った特許権譲渡等取引ごとに、次のイの金額に次のロの金額のうちに、次のハの金額の占める割合を乗じた金額を合計した金額

　イ　その特許権譲渡等取引に係る所得の金額

　ロ　当期及び前期以前（令和7年4月1日以後に開始する事業年度に限る。）において生じた研究開発費の額のうち、その特許権譲渡等取引に係る特定特許権等に直接関連する研究開発に係る金額の合計額

　ハ　上記ロの金額に含まれる適格研究開発費の額の合計額

② 　当期の所得の金額

(注1) 　上記の「関連者」は、移転価格税制における関連者と同様の基準により判定します。

(注2) 　上記の「特定特許権等」とは、令和6年4月1日以後に取得又は製作をした特許権及び人工知能関連技術を活用したプログラムの著作権で、一定のものをいいます。

(注3) 　特定特許権等の貸付けには、特定特許権等に係る権利の設定その他他の者に特定特許権等を使用させる行為を含みます。

(注4) 　上記の「研究開発費の額」とは、研究開発費等に係る会計基準における研究開発費の額に一定の調整を加えた金額をいいます。

(注5) 　上記の「適格研究開発費の額」とは、研究開発費の額のうち、特定特許権等の取得費及び支払ライセンス料、国外関連者に対する委託試験研究費並びに国外事業所等を通じて行う事業に係る研究開発費の額以外のものをいいます。

(注6) 　令和9年4月1日前に開始する事業年度において、当期において行った特許権譲渡等取引に係る特定特許権等のうちに令和7年4月1日以後最初に開始する事

業年度開始の日前に開始した研究開発に直接関連するものがある場合には、上記①の金額は、次の（イ）の金額に次の（ロ）の金額のうちに次の（ハ）の金額の占める割合を乗じた金額とします。

（イ）　当期において行った特許権譲渡等取引に係る所得の金額の合計額
（ロ）　当期、前期及び前々期において生じた研究開発費の額の合計額
（ハ）　上記②の金額に含まれる適格研究開発費の額の合計額

（注7）　本制度の適用において、法人が関連者に対して支払う特定特許権等の取得費又はライセンス料が独立企業間価格に満たない場合には、独立企業間価格によることとし、国内の関連者に対してこれらの費用を支払う場合には、所要の書類を作成し、税務当局からの求めがあった場合には遅滞なく提示し、又は提出しなければならないこととします。また、更正期限を延長する特例、同業者に対する質問検査権、書類の提示又は提出がない場合の推定課税その他所要の措置を講ずることになります。

■ 5. 研究開発税制の見直し ■

　試験研究を行った場合の税額控除制度（研究開発税制）について、次の見直しが行れました。

① 制度の対象となる試験研究費の額から、内国法人の国外事業所等を通じて行う事業に係る試験研究費の額を除外します。

② 一般試験研究費の額に係る税額控除制度について、令和8年4月1日以後に開始する事業年度で増減試験研究費割合が零に満たない事業年度につき、税額控除率を次のとおり見直すとともに、税額控除率の下限（現行：1％）を撤廃します。

イ　令和8年4月1日から令和11年3月31日までの間に開始する事業年度
　　　　　　8.5％＋増減試験研究費割合×30分の8.5

ロ　令和11年4月1日から令和13年3月31日までの間に開始する事業年度
　　　　　　8.5％＋増減試験研究費割合×27.5分の8.5

ハ　令和13年4月1日以後に開始する事業年度
　　　　　　8.5％＋増減試験研究費割合×25分の8.5

■ 6. 暗号資産課税の見直し

（1）第三者保有暗号資産の期末時価評価課税の見直し

❶　期末時価評価課税の見直し

　法人が有する暗号資産（一定の自己発行の暗号資産を除きます）のうち、活発な市場が存在するものについては、税制上、期末に時価で評価し、その評価損益（未実現損益）は課税の対象とされていました。

　このうち、自己が発行して発行時から継続して保有する特定自己発行暗号資産で一定のものについては、令和5年度の税制改正で期末時価評価課税の対象から除外されましたが、それだけでは、Web3ビジネスの推進に向けた環境整備等に繋がらないとして、法人（発行者以外の第三者）の継続的な保有等に係る暗号資産についても、❷に掲げる譲渡制限等の一定の要件を満たすものについては、期末時価評価の対象から除外することとされました。

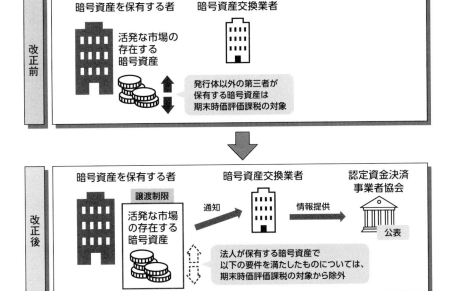

（財務省資料）

❷　期末時価評価課税の対象外とされる暗号資産の範囲

　期末時価評価の対象から除外することとされる暗号資産とは、次の要件に該当する暗号資産をいいます。

①　他の者に移転できないようにする技術的措置がとられていること等その暗号資産の譲渡についての一定の制限が付されていること。

②　上記①の制限が付されていることを認定資金決済事業者協会において公表させるため、その暗号資産を有する者等が上記①の制限が付されている旨の暗号資産交換業者に対する通知等をしていること。

❸　暗号資産の期末評価額の計算方法

　法人が有する市場暗号資産に該当する暗号資産で、その譲渡についての制限その他の条件が付されている暗号資産の期末における評価額は、①原価法又は②時価法のうちのいずれかの評価方法で、その法人が選定した評価方法（自己の発行する暗号資産でその発行の時から継続して保有するものにあっては、①の評価方法）により計算した金額とされます。

　この評価方法は、譲渡についての制限その他の条件が付されている暗号資産の種類ごとに選定し、その暗号資産を取得した日の属する事業年度に係る確定申告書の提出期限までに納税地の所轄税務署長に届け出なければならないこととします。なお、評価方法を選定しなかった場合には、原価法（上記①の評価方法）により計算した金額をその暗号資産の期末における評価額とします。

(2) 非居住者の暗号資産等取引情報の自動交換のための報告制度の整備

　OECDにおいて策定されたCARF（＝Crypto-Asset Reporting Framework：暗号資産等報告枠組み）に基づいて、租税条約等により各国の税務当局と非居住者に係る金融口座情報を自動的に交換するため、国内の報告暗号資産取引業者等に対して非居住者の暗号資産に係る情報を税務当局に報告することを義務付ける制度が整備されることとされ、所定の届

出書の提出義務及び報告事項の提供義務に対する違反行為等があった場合には所要の罰則が科されることとされました。

 **適用時期** 　上記（1）及び（2）の改正は、令和8年1月1日から施行され、各国との初回の情報交換は、令和9年に行われる予定とされています。

■日本から外国への情報提供のイメージ

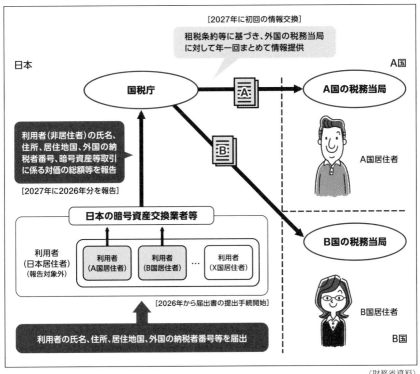

（財務省資料）

■ 7. オープンイノベーション促進税制の延長

　我が国企業が自前主義から脱却するとともに、スタートアップ（設立10年未満の国内外非上場企業）が大きく・早く成長するためには、事業会社（国内事業会社又はその国内CVC（コーポレート・ベンチャー・キャピタル））とのオープンイノベーションが重要です。

　また、事業会社がスタートアップを買収することは、スタートアップの出口戦略の多様化の観点からも重要です。スタートアップ育成５か年計画における「スタートアップ投資額10兆円規模」の目標等の達成に向けて、特定事業活動として特別新事業開拓事業者の株式を取得した場合の課税の特例措置である《オープンイノベーション促進税制》の適用期限を令和8年3月31日まで2年間延長することになりました。

適用時期	改正前	改正後
	令和6年3月31日	令和8年3月31日

■制度の概要

（対象法人）
事業会社
＊国内事業会社又はその国内CVC

← 資金等の経営資源 →
← 革新的な技術・ビジネスモデル →

（設立10年未満の非上場企業）
スタートアップ企業
＊売上高研究開発比率10%以上で、赤字企業の場合は、設立15年未満の企業も対象となる。
＊発行済株式を50%超取得するスタートアップは除外。

	新規出資型	M&A型
制度目的	スタートアップへの新たな資金の供給を促進し、生産性の向上に繋がる事業革新を図るための事業会社によるオープンイノベーションを促進すること。	スタートアップの出口戦略の多様化を図るため、スタートアップの成長に資するM&Aを後押しすることを目的とする。
対象株式	新規発行株式	発行済株式（50%超の取得時）
株式取得上限額	50億円/件	200億円/件
株式取得下限額	大企業：　1億円/件 中小企業：1千万円/件 ＊海外スタートアップの場合　1率5億円/件	5億円/件
所得控除	取得株式の"25%を所得控除	
将来の益金算入	3年経過後の株式譲渡等の場合 **益金算入不要**	5年経過以降も株式譲渡等の場合 **益金算入** ＊5年以内に成長投資・事業成長の要件を満たさなかった場合等にも、所得控除分は一括取戻しとなります。

■ 8．スピンオフ実施の円滑化のための税制措置の実施 ■

（1）令和5年度改正の概要

　パーシャルスピンオフ税制は、元親会社がスピンオフを実施する場合、株主に対する現物配当や、スピンオフ元親会社の譲渡損益に課税が発生しますが、令和5年度の税制改正で次の改正が行われています。

---

①　その法人の株主の持株数に応じて完全子法人の株式のみを交付するものであること。

②　その現物分配の直後に、その法人が有する完全子法人の株式の数が発行済株式の総数の20％未満となること。

③　完全子法人の従業員のおおむね90％以上がその業務に引き続き従事することが見込まれていること。

④　適格株式分配と同様の非支配要件、主要事業継続要件及び特定役員継続要件を満たすこと。

⑤　その認定に係る関係事業者又は外国関係法人の特定役員に対して新株予約権が付与され、又は付与される見込みがあること等の要件を満たすこと。

　しかし、大企業発のスタートアップの創出や企業の事業ポートフォリオの最適化をさらに促進することにより、我が国企業・経済の更なる成長を図ることは喫緊の課題です。事業再編は検討から完了まで数年間を要することも踏まえ、制度の予見可能性や利便性を向上させるため、パーシャルスピンオフ税制の適用期限を4年間延長するとともに、元親会社に一部分を残すパーシャルスピンオフ（株式分配に限ります）について、一定の要件を満たせば再編時の譲渡損益課税は繰延べ、株主のみなし配当に対する課税を対象外とする措置がとられました。

（2）令和6年度改正の概要

　認定株式分配に係る課税の特例について、次の見直しを行った上、その適用期限が4年延長されました。

> ①　主務大臣による認定事業再編計画の内容の公表時期について、その認定の日からその認定事業再編計画に記載された事業再編の実施時期の開始の日（改正前：認定の日）までとされました。
>
> ②　認定株式分配が適格株式分配に該当するための要件に、その認定株式分配に係る完全子法人が主要な事業として新たな事業活動を行っていることとの要件が加えられました。

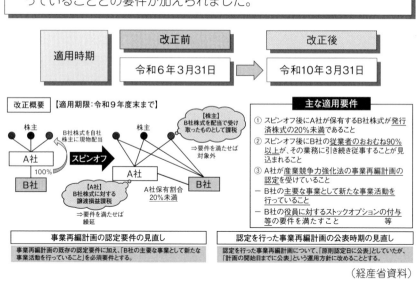

（経産省資料）

■ 9. 外形標準課税の見直し

（1）改正の背景

　外形標準課税は、企業の規模などを基準として課税する制度で、資本金1億円超の企業には外形標準課税なる税が間違いなく発生します。所得に応じた課税の割合が小さく、赤字であっても一定額を納税しなければなりません。

　この制度は地方税収を安定させるために平成16年に導入されましたが、平成18年に課税対象は3万社だったのが、令和3年には2万社を割り込みました。経営状態がかんばしくない企業は資本金を資本剰余金に振り替えて外形標準課をまぬがれる企業が相次いだことが原因です。

　また、分社化や子会社化など、企業再編時にも、親会社以外の子会社の資本金を1億円以下にすれば外形標準課税の対象外となっていました。

（2）改正の概要

　今回の改正では、前年度に課税対象だった企業が資本金1億円以下に減資しても、資本金と資本剰余金の合計額が10億円超であれば課税対象とする他、資本金と資本剰余金の合計額が50億円超の親会社の完全子会社は、資本金1億円以下の場合でも、資本金と資本剰余金が2億円を超えれば外形標準課税の対象とすることになりました。

（経産省資料）

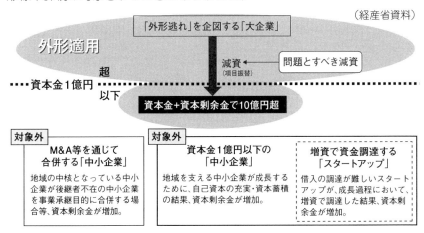

❶ 減資への対応

イ　外形標準課税の対象法人については、現行基準（資本金又は出資金（以下単に「資本金」といいます。）1億円超を維持します。ただし、当分の間、当該事業年度の前事業年度に外形標準課税の対象であった法人であって、当該事業年度に資本金1億円以下で、資本金と資本剰余金（これに類するものを含みます。以下単に「資本剰余金」といいます。）の合計額（以下「資本金と資本剰余金の合計額」といいます。）が10億円を超えるものは、外形標準課税の対象となります。

ロ　改正法施行日以後最初に開始する事業年度については、上記イにかかわらず、公布日を含む事業年度の前事業年度（公布日の前日に資本金が1億円以下となっていた場合には、公布日以後最初に終了する事業年度）に外形標準課税の対象であった法人であって、当該施行日以後最初に開始する事業年度に資本金1億円以下で、資本金と資本剰余金の合計額が10億円を超えるものは、外形標準課税の対象となります。

ハ　その他所要の措置を講ずる。

**適用時期**　上記の改正は、令和7年4月1日に施行し、同日以後に開始する事業年度から適用されます。

❷　100％子法人等への対応

大企業の100％子法人や外形逃れを企図した組織再編への対応のため、「資本金＋資本剰余金」50億円超の親法人の100％子法人等（注1）が「資本金＋資本剰余金」2億円超（注2）の場合、外形標準課税の対象（「資本金＋資本剰余金」2億円以下の場合は対象外）となります。

非課税又は所得割のみで課税される親法人（＝資本金1億円以下の中小企業等）の100％子法人等は、引き続き外形標準課税の対象外となります。

（注1）　法人税法上の完全支配関係がある法人、100％グループ内の複数の特定法人に発行済株式等の全部を保有されている法人

（注2）　公布日以後に、100％子法人等が親法人に対して資本剰余金から配当を行った場合、当該配当に相当する額を加算

❸　外形対象外とする特例措置の創設

　産業競争力強化法の改正を前提に、同法の特別事業再編計画（仮称）に基づき行われるM&Aにより100％子法人等となった法人について、５年間、外形標準課税の対象外とする特例措置が設けられています。

　本改正により新たに外形標準課税の対象となる法人については、外形対象となったことにより従来の課税方式で計算した税額を超えることとなる額を、施行日以後に開始する事業年度の１年目に2/3、２年目に1/3を軽減する措置が講じられています。

　なお、この改正は、２年間の猶予期間を設け、令和８年４月１日施行が予定されています。

外形標準課税の対象となる子法人

「資本金＋資本剰余金」50億円超の大規模法人
（外形対象外である中小企業を除く）

100％子法人等
（完全支配関係がある場合）

「資本金＋資本剰余金」２億円超の
中小企業は新たに外形対象

産業競争力強化法における対象除外措置

地域の中核となり、成長を目指す「中堅・中小企業」が、
M&Aにより中小企業を子会社化し、グループ一体での
成長を遂げていくケース

産業競争力強化法の計画認定を受けた場合

既存の100％子法人等も含め、5年間は外形対象外

（経産省資料）

イ　資本金と資本剰余金の合計額が50億円を超える法人（当該法人が非課税又は所得割のみで課税される法人等である場合を除きます。）又は相互会社・外国相互会社（以下「特定法人」といいます。）の100％子法人等のうち、当該事業年度末日の資本金が１億円以下で、資本金と資本剰余金の合計額（公布日以後に、当該100％子法人等がその100％親法人等に対して資本剰余金から配当を行った場合においては、当該配当に相当する額を加算した金額）が２億円を超えるものは、外形標準課税の対象となります。

（注）　上記の「100％子法人等」とは、特定法人との間に当該特定法人による法人税法に規定する完全支配関係がある法人及び100％グループ内の複数の特定法人に発行済株式等の全部を保有されている法人をいいます。

ロ　産業競争力強化法の改正を前提に、令和９年３月31日までの間に同法の特別事業再編計画（仮称）の認定を受けた認定特別事業再編事業者（仮称）が、当該認定を受けた計画に従って行う一定の特別事業再編（仮称）のための措置として他の法人の株式等の取得、株式交付又は株式交換を通じて当該他の法人を買収し、その買収（一定のものに限る。）の日以降も引き続き株式等を有している場合には、当該他の法人（当該認定特別事業再編事業者（仮称）が当該計画の認定を受ける前５年以内に買収した法人を含む。以下「他の法人等」という。）が行う事業に対する法人事業税については、当該買収の日の属する事業年度からその買収の日以後５年を経過する日の属する事業年度までの各事業年度においては、外形標準課税の対象外とします。ただし、当該他の法人等が、現行基準（資本金１億円超）又は上記❶により外形標準課税の対象である場合には、特例措置の対象から除外されます。

ハ　上記イにより、新たに外形標準課税の対象となる法人について、外形標準課税の対象となったことにより、従来の課税方式で計算した税額を超えることとなる額のうち、次に定める額を、当該事業年度に係る法人事業税額から控除する措置が講じられます。

（イ）　令和8年4月1日から令和9年3月31日までの間に開始する事
　　　業年度：当該超える額に3分の2の割合を乗じた額

（ロ）　令和9年4月1日から令和10年3月31日までの間に開始する
　　　事業年度：当該超える額に3分の1の割合を乗じた額

 上記の改正は、令和8年4月1日に施行し、同日以後に開始
する事業年度から適用されます。

Ⅱ 中小企業支援税制は、こうなる‼

■ 1. 中小企業事業再編投資損失準備金の延長・拡充 ■■■

（1）M&A後に生じた簿外債務など想定外の損失に備える準備金制度の概要

　この制度は、M&A後に生じた簿外債務の発覚など想定外の損失に対応できるよう、賠償費用の一部を税優遇する「準備金制度」です。また、M&Aに関する経営力向上計画の認定を受けた中小企業が、中小企業の株式を取得（取得価額10億円以下）した後に、想定外リスクに備え、取得価額の70%以下の金額を「中小企業事業再編投資損失準備金」として積み立てた時は、その損金算入を認めるという制度です。

　なお、この認定を受けるためには、買収後の生産性向上の効果や、買収前に一定のデューデリジェンスをしなければならないなどの制約がありますが、認定には「中小企業経営強化税制」の適用対象となる設備投資を行うことでも可能です。この場合は、ワンストップで手続が完了します。準備金の取崩しは、株式を有しなくなった場合や、5年後に5年間で取り崩すことになります。

　青色申告書を提出する中小企業者（注）（適用除外事業者に該当するものを除きます。）が適用対象事業者となります。

（注）　ここでいう「**中小企業者**」とは、中小企業経営強化法の中小企業者であって租税特別措置法の中小企業者に該当するものをいいます。

　改正中小企業等経営強化法の施行日から令和6年3月31日までの間に中小企業等経営強化法の経営力向上計画（経営資源集約化措置が記載されたものに限ります。）の認定を受けることが要件とされています。要件に従

って他の法人の株式等の取得（購入による取得に限ります。）をし、かつ、取得日を含む事業年度終了の日まで引き続き所有している場合（その株式等の取得価額が10億円以下に限ります。）に、その株式等の価格低落による損失に備えるため、その株式等の取得価額の70％以下の金額を中小企業再編投資損失準備金として積み立てたときは、その金額は、その事業年度において損金算入できることになります。

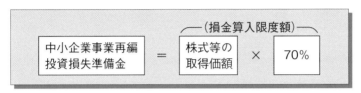

　投資損失準備金は、その株式等の全部又は一部を有しなくなった場合、その株式等の帳簿価額を減額した場合等において取り崩すほか、その積み立てた事業年度終了の日の翌日から5年を経過した日を含む事業年度から5年間でその経過した準備金残高の均等額を取り崩して、益金に算入することになります。

(2) 改正の概要

　今回の改正は、成長意欲のある中堅・中小企業が、複数の中小企業を子会社化し、親会社の強みの横展開や経営の効率化によって、グループ一体となって飛躍的な成長を遂げることが期待される中、グループ化に向けて複数回のM&Aを実施する場合、簿外債務リスクや経営統合リスクが課題です。こうしたリスクも踏まえ、現行の中小企業再編投資損失準備金を拡充・延長し、中堅・中小企業によるグループ化に向けた複数回M&Aを集中的に後押しするため積立率や措置期間を深掘りする新たな枠が創設されました。

 上記1の改正は、令和9年3月31日まで3年間延長することとされました。

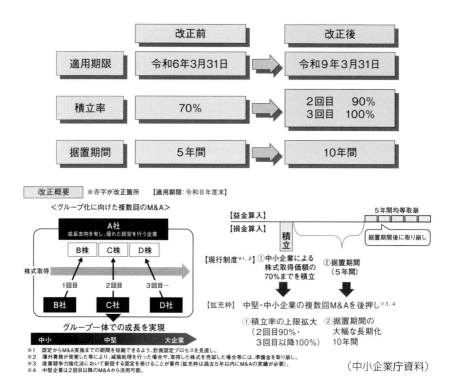

（中小企業庁資料）

　中小企業事業再編投資損失準備金制度について、産業競争力強化法の改正を前提に、青色申告書を提出する法人で同法の改正法施行日から令和９年３月31日までの間に産業競争力強化法の特別事業再編計画（仮称）の認定を受けた認定特別事業再編事業者（仮称）であるものが、その認定に係る特別事業再編計画に従って他の法人の株式等の取得（購入による取得に限ります。）をし、かつ、これをその取得の日を含む事業年度終了の日まで引き続き有している場合（その株式等の取得価額が100億円を超える金額又は１億円に満たない金額である場合及び一定の表明保証保険契約を締結している場合を除きます。）において、その株式等の価格の低落による損失に備えるため、その株式等の取得価額に次の株式等の区分に応じそれぞれ次の割合を乗じた金額以下の金額を中小企業事業再編投資損失準備金

として積み立てたときは、その積み立てた金額は、その事業年度において損金算入できる措置が加えられました。

①	その認定に係る特別事業再編計画に従って最初に取得をした株式等×90％
②	上記①に掲げるもの以外の株式等×100％

　この準備金は、その株式等の全部又は一部を有しなくなった場合、その株式等の帳簿価額を減額した場合等において取り崩すほか、その積み立てた事業年度終了の日の翌日から10年を経過した日を含む事業年度から5年間でその経過した準備金残高の均等額を取り崩して、益金算入することになります。

■ 2．中小法人の交際費課税の特例の延長・拡充 ■

（1）交際費等から除外される飲食費の見直し

　交際費等は原則として損金不算入とされていますが、平成18年度の改正により、会議費相当とされる一人当たり5,000円以下の飲食費は交際費等の範囲から除外され、全額損金算入が認められています。

　昨今の物価高騰の影響を受けて飲食費が高くなっている実態を鑑み、この5,000円以下とされている飲食費の金額基準が、1万円以下まで倍増する改正が行われました。

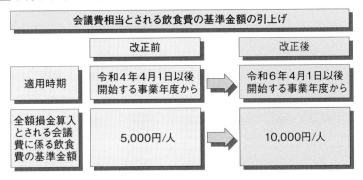

（2）中小法人の交際費等の損金算入の特例及び接待飲食費の損金算入特例の適用期限の延長

　販売促進手段が限られる中小法人にとっては、交際費等は事業活動に不可欠となる経費であり、この措置は非常に重要であるといえます。そこで、令和令和6年3月31日に適用期限の到来する、800万円までの定額控除限度額の全額を損金算入可能とする特例措置及び接待飲食費の50%を損金算入できる接待飲食費の特例の適用期限が3年間延長され、令和9年3月31日までの間に開始する事業年度まで適用されることとされました。

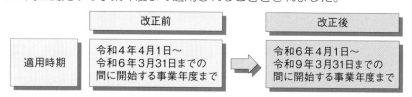

■交際費課税等の損金不算入制度早見表

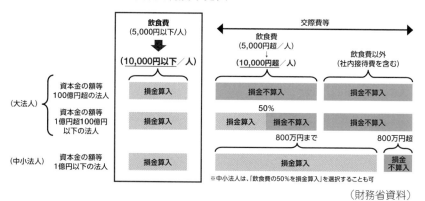

（財務省資料）

■3. 中小企業者の欠損金等以外の欠損金の 繰戻しによる還付制度の不適用措置の延長・見直し ■

(1) 制度の概要
〜〜欠損金の繰戻しによる還付制度の不適用措置とは〜〜

中小企業等(資本金1億円以下の法人等)には、損金が生じた場合、前年度に支払った法人税の繰戻還付を受けることができる次の措置が設けられています。

■還付請求ができる法人税額の計算式

【計算例】

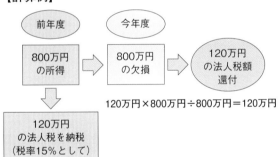

120万円×800万円÷800万円=120万円

しかし、中小企業等以外の法人には、このような「欠損金の繰戻しによる還付制度」はなく、上記とは逆に、「欠損金の繰戻しによる還付制度」は適用できないとする規定が設けられています。ただし、この規定は、清算中の事業年度や災害損失欠損金額がある場合などは除外されています。

（2）改正の内容

❶　適用期限の延長

　改正では、中小企業者の欠損金等以外の欠損金の繰戻しによる還付制度の不適用措置について、その適用期限（令和6年3月31日）を2年延長し令和8年3月31日までの間に終了する事業年度とするとともに、その適用対象から銀行等保有株式取得機構の欠損金額を除外する措置の適用期限も2年延長されました。

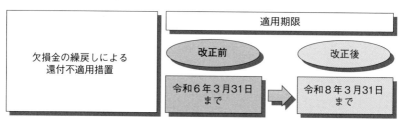

❷　「欠損金の繰戻し還付の不適用制度」の適用法人の範囲

　この中小法人等以外の法人に設けられている「欠損金の繰戻し還付の不適用制度」が適用される法人には、次に掲げる法人が該当します。

①　資本金又は出資金の額が1億円以下であるもの 　　（大法人による完全支配関係があるものを除きます。） 　　＊大法人…資本金などの額が5億円以上である法人 ②　公益法人等 ③　協同組合 ④　人格のない社団等

■ 4. 中小企業者等の少額減価償却資産の 取得価額の損金算入の特例の延長・見直し

　中小企業者等が30万円未満の減価償却資産を取得した場合、合計300万円までを限度に、即時償却（全額損金算入）することが可能です。
　インボイス制度の導入等により事務負担が増加する中で①償却資産の管理などの事務負担の軽減、②事務処理能力の事務効率の向上を図るため、本制度の適用期限を２年間延長し、常時使用する従業員数については300人超を除外することになりました。

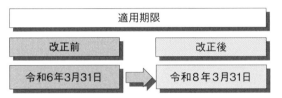

```
┌─────────────────────────────────┐
│              適用期限              │
└─────────────────────────────────┘

┌─────────────┐          ┌─────────────┐
│    改正前    │          │    改正後    │
└─────────────┘          └─────────────┘

┌─────────────┐          ┌─────────────┐
│ 令和6年3月31日 │  ⇒    │ 令和8年3月31日 │
└─────────────┘          └─────────────┘
```

　中小企業者等の少額減価償却資産の取得価額の損金算入の特例について、対象法人から電子情報処理組織を使用する方法（e-Tax）により法人税の確定申告書等に記載すべきものとされる事項を提供しなければならない法人のうち、常時使用する従業員の数が300人を超えるものを除外した上、その適用期限を令和８年３月31日まで２年延長することとされました。（適用期限の延長は、所得税についても同様です。）

┌──────────────┐
│   改正概要   │　※赤字が改正箇所
└──────────────┘
【適用期限：令和７年度末】

○適用対象資産から、貸付け（主要な事業として行われるものを除く。）の用に供した資産を除く

	取得価額	償却方法	
中小企業者のみ	30万円未満	全額損金算入（即時償却）	← 合計300万円まで
全ての企業	20万円未満	3年間で均等償却※1（残存価額なし）	本則※2
	10万円未満	全額損金算入（即時償却）	

※1　10万円以上20万円未満の減価償却資産は、3年間で毎年1／3ずつ損金算入することが可能。
※2　本則についても、適用対象資産から貸付け（主要な事業として行われるものを除く。）の用に供した資産が除かれる。
※3　従業員数については、中小企業者は500名以下、出資金等が1億円超の組合等は300名以下が対象

Ⅲ 国際課税は、こうなる!!

■ 1. 経済のデジタル化に伴う国際最低課税額に対する 法人税等の見直し

　法人税等の引下げ競争に歯止めをかけるとともに、企業間の公平な競争
条件を確保することを目的としたグローバル・ミニマム課税については、
対象企業に事務負担が新たに生じることから、企業への過度な事務負担の
防止を図ることになりました。

❶　適用免除基準の設定

　構成会社等がその所在地国において一定の要件を満たす自国内最低課税
額に係る税を課することとされている場合には、その所在地国に係るグル
ープ国際最低課税額を零とする適用免除基準を設けることになりました。

❷　無国籍構成会社等の自国内最低課税額控除

　無国籍構成会社等が自国内最低課税額に係る税を課されている場合に
は、グループ国際最低課税額の計算においてその税の額を控除することに
なりました。

❸　個別計算所得等の金額から除外される一定の所有持分の時価評価損益等

　個別計算所得等の金額から除外される一定の所有持分の時価評価損益等
について、特定多国籍企業グループ等に係る国又は地域単位の選択により、
個別計算所得等の金額に含めることになりました。

❹　導管会社等に対する所有持分がある場合の控除税額の取扱い

　導管会社等に対する所有持分を有することにより適用を受けることがで
きる税額控除の額（一定の要件を満たすものに限る。）について、特定多
国籍企業グループ等に係る国又は地域単位の選択により、調整後対象租税
額に加算することになりました。

市場国への新たな課税権の配分

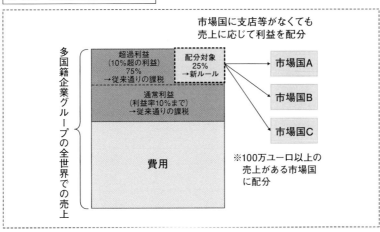

市場国に支店等がなくても
売上に応じて利益を配分

多国籍企業グループの全世界での売上

超過利益
（10％超の利益）
75％
→従来通りの課税

配分対象
25％
→新ルール

通常利益
（利益率10％まで）
→従来通りの課税

費用

市場国A

市場国B

市場国C

※100万ユーロ以上の
売上がある市場国
に配分

グローバル・ミニマム課税の全体像

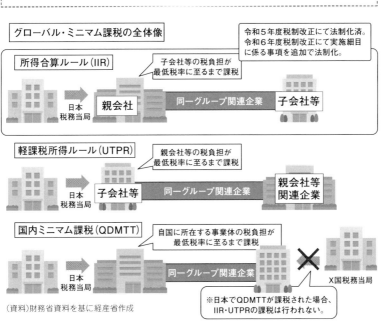

令和5年度税制改正にて法制化済。
令和6年度税制改正にて実施細目
に係る事項を追加で法制化。

所得合算ルール（IIR）

子会社等の税負担が
最低税率に至るまで課税

日本
税務当局

親会社

同一グループ関連企業

子会社等

軽課税所得ルール（UTPR）

親会社等の税負担が
最低税率に至るまで課税

日本
税務当局

子会社等

同一グループ関連企業

親会社等
関連企業

国内ミニマム課税（QDMTT）

自国に所在する事業体の税負担が
最低税率に至るまで課税

日本
税務当局

同一グループ関連企業

X国税務当局

※日本でQDMTTが課税された場合、
IIR・UTPRの課税は行われない。

（資料）財務省資料を基に経産省作成

❺　特定多国籍企業グループ等報告事項等提供制度の見直し

　特定多国籍企業グループ等報告事項等の提供制度について、特定多国籍企業グループ等報告事項等を、提供義務者の区分に応じて必要な事項等に見直すことになりました。

❻　外国税額控除の見直し

　外国税額控除について、次の見直しが行われました。

①　次に掲げる外国における税について、外国税額控除の対象から除外されます。

　　イ　各対象会計年度の国際最低課税額に対する法人税に相当する税

　　ロ　外国を所在地国とする特定多国籍企業グループ等に属する構成会社等に対して課される税（グループ国際最低課税額に相当する金額のうち各対象会計年度の国際最低課税額に対する法人税に相当する税の課税標準とされる金額以外の金額を基礎として計算される金額を課税標準とするものに限られます。）又はこれに相当する税

②　自国内最低課税額に係る税について、外国税額控除の対象とされます。

適用時期　上記1の改正は、内国法人の令和6年4月1日以後開始事業年度の国際最低課税額に対する法人税について適用されます。

96

■ 2．外国子会社合算課税の見直し ■

　平成29年度の改正では、グローバル・ミニマム課税の導入に伴う追加的な事務負担を軽減すべく、ペーパー・カンパニーの範囲から除外される外国関係会社を定めた既存のペーパー・カンパニー特例の判定要件のうち、収入割合要件を見直し、確認対象企業の絞り込み・簡素化が図られました。

　さらに、今後、グローバル・ミニマム課税の国際的な議論の進展を踏まえて、必要な見直しを検討することとされています。

　その内容は、①内国法人の外国関係会社に係る所得の課税の特例（いわゆる「外国子会社合算税制」）におけるペーパー・カンパニー特例の収入割合要件について、外国関係会社の事業年度に係る収入等がない場合には、その事業年度における収入割合要件の判定が不要とされ、トリガー税率30％は27％に引き下げられています。

　さらに、②外国関係会社に関する財務諸表等についての添付要件が緩和され、保存のみでよいこととされました。

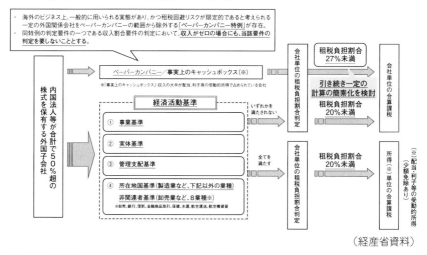

（経産省資料）

 **適用時期**　上記２の改正は、令和６年４月１日以後に開始する内国法人の事業年度から適用されます。

■ 3. 過大支払利子税制の見直し

❶ 過大支払利子税制の概要

　過大支払利子税制は、所得金額に比して過大な利子を支払うことを通じて租税回避行為を防止するため、対象純支払利子等の額(注)のうち調整所得金額の一定割合(20%)を超える部分の金額を、当期の損金の額に算入することとする制度です。

　企業の所得金額の計算上、支払利子が損金に算入されるこの制度を利用して、過大な支払利子を損金に計上することで、税負担を圧縮することが可能になります。

> 「対象純支払利子等の額」とは、支払利子等の合計額からこれに対応する受取利子等の額の合計額を控除した残額をいいます。また、「対象支払利子等の額」とは、支払利子等の額のうち対象外支払利子等の額（その支払利子等を受ける者の課税対象所得に含まれる支払利子等の額等）以外の金額をいいます。

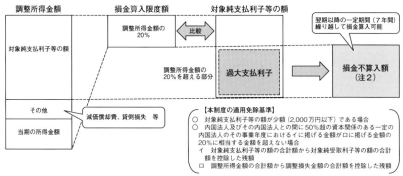

(注1) 対象支払利子等の額の合計額からこれに対応する受取利子等の額の合計額を控除した残額をいう。対象支払利子等の額とは、支払利子等の額のうち対象外支払利子等の額（その支払利子等を受ける者の課税対象所得に含まれる支払利子等の額等）以外の金額をいう。

(注2) グループ通算制度（令和4年(2022年)4月1日施行）においては、適用免除基準のうち金額基準につきグループ全体で判定を行う点を除き、基本的に単体納税と同様の取扱いとなる。

（財務省資料）

❷　改正の背景

　「BEPS行動４」の「最終報告書」では、支払利子の損金算入を制限する制度の導入を勧告しています。

　その要因として、利子は、国際的なタックスプランニングで利用できる利益移転技術のうち、最も簡単なもののひとつであり、多国籍企業の巨大グループが利子を用いたタックスプランニングを行うことができることをあげています。

　企業の所得計算上、支払利子が損金算入とされることを利用して、関連者間の借入れを恣意的に設定し、関連者全体の費用収益には影響されずに、過大な支払利子を損金に計上することで税負担を圧縮し、その結果として、租税回避行為が可能となります。その結果、企業間の競争上の歪みが生じ、資本所有中立性にネガティブな影響を与える他、これによって節税効果を発揮し、税制の公平性に影響を与えているということです。

　利子を用いた税源浸食や利益移転を生じさせる場合として、関連者間借入を用いて過大な利子の損金算入を生じさせることにより、租税回避を行うケースや企業グループ内の高課税法人に第三者間借入を集めて租税回避を図るケースなどが挙げられます。

　こういった問題に対抗するため、企業の純支払利子の損金算入を「EBITDA（利子・税・償却前所得）」の10％〜30％に制限する「利子控除制限制度」の導入を勧告しています。（日本は20％）

（注）　EBITDA（Earnings Before Interest, Taxes, Depreciation）＝税引き後当期所得＋純支払利子＋減価償却費＋特別償却＋登記税額（非課税所得は含みません。）

❸　損金算入制限の緩和

　過大支払利子税制についてBEPS（Base Erosion and Profit Shifting）を踏まえた見直しが実施されています。その際には、借入による通常の事業活動に過度な影響が及ぶことがないように、BEPSリスクが低い、受領者において課税対象となる支払利子（国内金融機関向けの利子など）が損金算入制限の対象外とされます。

■過大支払利子税制の改正後のイメージ図

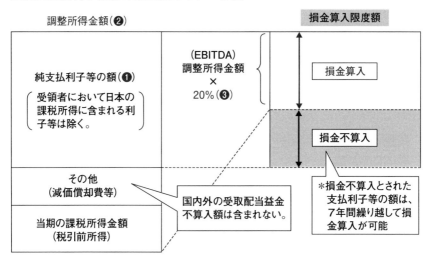

❹　超過利子額の繰越期間の延長

　対象純支払利子等に係る課税の特例（いわゆる「過大支払利子税制」）の適用により損金不算入とされた金額（以下「超過利子額」といいます。）の損金算入制度について、令和4年4月1日から令和7年3月31日までの間に開始した事業年度に係る超過利子額の繰越期間が10年（原則：7年）に延長されました。

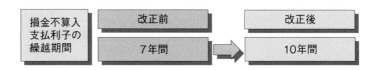

■ 4．子会社株式簿価減額特例の見直し

（1）制度の概要

　法人が外国子会社株式等を取得した後、子会社から配当を非課税（＊）で受け取るとともに、配当により時価が下落した子会社株式を譲渡すること等により、譲渡損失を創出させることが可能となっており、これが国際的な租税回避に利用されるとの指摘があることから、このような国際的な租税回避に適切に対応する観点から、本制度が創設されましたが、この制度の適用除外特例計算について、次の（2）に掲げる見直しが行われました。

（＊）　子会社からの配当は、持ち株比率に応じ、一定割合が損金不算入（非課税）となっています。

（2）租税回避防止策の策定　～～《子会社株式簿価減額特例》～～

　子会社からの配当と子会社株式の譲渡を組み合わせた租税回避を防止するための措置（子会社株式簿価減額特例）によりその有する子法人の株式等の帳簿価額から引き下げる金額の計算を行う場合に、その子法人から受ける対象配当金額のうち特定支配関係発生日以後の利益剰余金の額から支払われたものと認められる部分の金額を除外することができる特例計算について、特定支配関係発生日の属する事業年度内に受けた対象配当金額（その特定支配関係発生日後に受けるものに限る。）についても、その特例計算の適用を受けることができることとされました。

 **適用時期**　上記4の改正は、令和6年4月1日以後に開始する事業年度に受ける対象配当等の額について適用されます。

IV 消費税は、こうなる!!

■ 1. プラットフォーム課税の導入 ■

　アプリやゲームなどのデジタルサービス市場において、国内外の事業者間における課税の公平性や競争条件の中立性を確保する観点から、国外サービス提供者の代わりにプラットフォームを提供する事業者が消費税を納める「プラットフォーム課税」を導入することになりました。

　この制度の対象者となるプラットフォーム事業者には高い税務コンプライアンスや事務処理能力が求められること等を考慮し、国外事業者が自身のプラットフォームを介して行うデジタルサービスの取引高が50億円を超えるプラットフォーム事業者を対象とします。

（経産省資料）

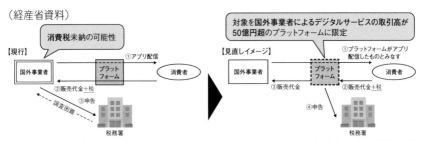

（出典）「国境を越えたデジタルサービスに対する消費税課税のあり方に関する研究会　報告書（概要）（2023年11月）」（財務省）
<https://www.mof.go.jp/tax_policy/summary/consumption/PF_gaiyou.pdf>

❶ 「特定プラットフォーム事業者」を介して対価を収受するものへのみなす課税

　国外事業者がデジタルプラットフォームを介して行う電気通信利用役務の提供（事業者向け電気通信利用役務の提供に該当するものを除く。以下

同じ。）のうち、下記❷の指定を受けたプラットフォーム事業者（以下「特定プラットフォーム事業者」といいます。）を介してその対価を収受するものについては、特定プラットフォーム事業者が行ったものとみなします。

❷　電気通信利用役務の提供に係る対価の額の合計額が50億円を超える場合

　国税庁長官は、プラットフォーム事業者のその課税期間において上記❶の対象となるべき電気通信利用役務の提供に係る対価の額の合計額が50億円を超える場合には、当該プラットフォーム事業者を特定プラットフォーム事業者として指定することになります。

❸　電気通信利用役務の提供に係る対価の額の合計額が50億円を超える場合の届出義務

　上記❷の要件に該当する者は、その課税期間に係る確定申告書の提出期限までに、その旨を国税庁長官に届け出なければなりません。

❹　特定プラットフォーム事業者の指定

　国税庁長官は、特定プラットフォーム事業者を指定したときは、当該特定プラットフォーム事業者に対してその旨を通知するとともに、当該特定プラットフォーム事業者に係るデジタルプラットフォームの名称等についてインターネットを通じて速やかに公表するものとし、指定を受けた特定プラットフォーム事業者は、上記❶の対象となる国外事業者に対してその旨を通知するものとします。

❺　確定申告書への明細書の添付

　特定プラットフォーム事業者は、確定申告書に上記❷の対象となる金額等を記載した明細書を添付するものとします。

適用時期　上記の改正は、令和7年4月1日以後に行われる電気通信利用役務の提供について適用することとし、特定プラットフォーム事業者の指定制度に係る事前の指定及び届出については、所要の経過措置を講ずることになります。

■ 2．事業者免税点制度の特例の見直し ■

　事業者免税点制度は個人事業者の新規開業年とその翌年、資本又は出資の金額が1,000万円未満の設立事業年度とその翌事業年度は、基準期間（前々事業年度）の課税売上高がないので免税となります。また個人事業者又は法人が特定期間（注）中に支払った給与等の金額の合計額をもって、特定期間における課税売上高とすることができます。

「特定期間」とは、次の期間をいう。

イ　個人事業者…その年の前年１月１日から６月30日までの期間

ロ　法人…次の事業者の区分に応じ定められた期間

ⅰ　その事業年度の全事業年度がある法人…当該事業年度開始の日以後６月の期間

ⅱ　その事業年度の全事業年度が短期事業年度である法人…その事業年度の前々事業年度の前々事業年度（その事業年度の基準期間に含まれるものその他一定のものを除く）開始の日以後６月の期間（当該前々事業年度が６月以下の場合には、当該前々事業年度開始の日からその終了の日までの期間）

①　特定期間における課税売上高による納税義務の免除の特例について、課税売上高に代わり適用可能とされている給与支払額による判定の対象から国外事業者を除外します。

②　資本金1,000万円以上の新設法人に対する納税義務の免除の特例について、外国法人は基準期間を有する場合であっても、国内における事業の開始時に本特例の適用の判定を行います。

③　資本金1,000万円未満の特定新規設立法人に対する納税義務の免除の特例について、本特例の対象となる特定新規設立法人の範囲に、その事業者の国外分を含む収入金額が50億円超である者が直接又は間接に支配する法人を設立した場合のその法人を加えるほか、上記②と同様の措置を講じます。

 **適用時期**　上記の改正は、令和6年10月1日以後に開始する課税期間から適用します。

■ 3．簡易課税制度の見直し

　その課税期間の初日において所得税法又は法人税法上の恒久的施設を有しない国外事業者については、簡易課税制度の適用を認めないこととします。また、適格請求書発行事業者となる小規模事業者に係る税額控除に関する経過措置の適用についても同様とします。

 **適用時期**　適用は、令和6年10月1日以後に開始する課税期間からとされています。

■ 4．小規模事業者に係る税額控除に関する　　　　経過措置の見直し

　簡易課税制度又は適格請求書発行事業者となる小規模事業者に係る税額控除に関する経過措置を適用する事業者が、令和5年10月1日以後に国内において行う課税仕入れについて、税抜経理方式を適用した場合の仮払消費税等として計上する金額につき、継続適用を条件として当該課税仕入れに係る支払対価の額に110分の10（軽減対象課税資産の譲渡等に係るものである場合には、108分の8）を乗じた金額とすることを認めることが明確化されました。

■ 5．自販機等に係る仕入税額控除

　一定の事項が記載された帳簿のみの保存により仕入税額控除が認められる自動販売機及び自動サービス機による課税仕入れ並びに使用の際に証票が回収される課税仕入れ（3万円未満のものに限ります。）については、帳簿への住所等の記載を不要とします。

上記の改正の趣旨を踏まえ、令和5年10月1日以後に行われる上記の課税仕入れに係る帳簿への住所等の記載については、運用上、記載がなくとも改めて求めないものとされます。

■ 6．課税仕入れに係る税額控除に関する追加措置

　適格請求書発行事業者以外の者から行った課税仕入れに係る税額控除に関する経過措置について、一の適格請求書発行事業者以外の者からの課税仕入れの額の合計額がその年又はその事業年度で10億円を超える場合には、その超えた部分の課税仕入れについて、本経過措置の適用を認めないこととされます。

上記の改正は、令和6年10月1日以後に開始する課税期間から適用されます。

その他の税制（公益法人・公益信託・納税環境整備など）編

――どこが どう変わるか？――

I その他の税制は、こうなる!!

■ 1. 公益法人の解散等による非課税措置の適用 ■

　公益社団法人及び公益財団法人の認定等に関する法律等の改正を前提に、次の措置が講じられます。

① 収支相償原則の見直し等の公益法人制度改革が行われた後も、公益社団法人及び公益財団法人に講じられている措置は引き続き認められます。

② 公益法人等に財産を寄附した場合の譲渡所得等の非課税措置について、次に掲げる継続適用措置の適用対象に、公益社団法人及び公益財団法人が解散する場合又は公益認定の取消しの処分を受けた場合に、非課税承認を受けた財産等を公益信託の受託者に移転するときが加えられます。

　イ　公益法人等が解散する場合における非課税の継続適用措置

　ロ　公益社団法人及び公益財団法人が公益認定の取消しの処分を受けた場合における非課税の継続適用措置

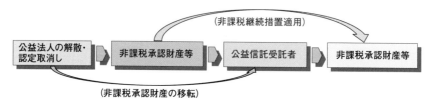

　改正「公益社団法人及び公益財団法人の認定等に関する法律等」に規定する日以後受託する非課税承認財産について適用されます。

■ 2．公益信託制度の創設に伴う措置の適用

（1）改正の概要

「民間も公益役割を担う社会」を実現するため、公益性を担保しつつ、より使いやすい制度を構築するため公益信託法が改正されます。

公益法人と共通の枠組みで公益認可・監督を受けることを踏まえて、公益信託やこれに寄附を行う個人・法人に対する課税等につき、公益法人並みの税制上の措置が講じられます。

●所得税

① 公益信託の信託財産につき生じる所得については非課税

② 公益信託の信託財産とするために支出した一定の寄附金について、寄附金控除の適用

③ 公益法人等に対して財産を寄附した場合の譲渡所得の非課税措置について次の措置を講じます。

　イ　適用対象の範囲に公益信託の受託者を加えます。

　ロ　租税特別措置法40条により非課税承認を受けた公益信託の受託者が当該財産を他の受託者や公益法人に移転しようとした場合、一定の届出書を要件に非課税措置を適用します。

●法人税

　イ　公益信託の信託財産に帰せられる収益・費用については非課税

　ロ　公益信託の信託財産とするために支出した一定の寄附金について、特定公益増進法人に対する寄附金と同様に扱います。

●消費税

公益信託の財産に係る取引は、特定収入がある場合の仕入税額控除の調整措置の対象とします。

（2）改正がもたらす影響

このように公益信託制度の改正は、信託事務、信託財産の範囲の拡大、

受託者の範囲の拡大、主務官庁制の廃止など大きな改革が見込まれ、今後公益信託を活用した寄附金課税、公益法人と同様の措置が講じられることにより、公益信託制度の利用が促進されます。

＜所得税＞

① 公益信託の信託財産につき生ずる所得（貸付信託の受益権の収益の分配に係るものにあっては、当該受益権が当該公益信託の信託財産に引き続き属していた期間に対応する部分の額に限ります。）については、所得税を課さないこととします。

② 公益信託の受託者（個人に限ります。）に対する贈与等により、居住者の有する譲渡所得の基因となる資産等の移転があった場合には、当該居住者に対しその贈与等によるみなし譲渡課税を適用することとします。

③ 公益信託の委託者がその有する資産を信託した場合には、当該資産を信託した時において、当該委託者から当該公益信託の受託者に対して贈与等により当該資産の移転が行われたものとして、当該委託者に対しその贈与等によるみなし譲渡課税を適用することとします。

④ 公益信託の信託財産とするために支出した当該公益信託に係る信託事務に関連する寄附金（出資に関する信託事務に充てられることが明らかなものを除きます。）について、特定公益増進法人に対する寄附金と同様に、寄附金控除の対象とします。

⑤ 公益法人等に対して財産を寄附した場合の譲渡所得等の非課税措置について、次の措置を講じます。

　イ　適用対象となる公益法人等の範囲に、公益信託の受託者（非居住者及び外国法人に該当するものを除く。）を加えます。

　ロ　非課税承認を受けた財産を有する公益信託の受託者が、その任務の終了等により、当該財産を当該公益信託に係る信託事務の引継ぎを受けた受託者に移転しようとする場合において、当該財産の移転に関する届出書を提出したときは、本非課税措置を継続適用できることとします。

　　（注）　上記ロの措置は、当該任務の終了等に係る事由により国税庁長官の非課税承認を取り消すことができる場合には、適用しないこととします。

　ハ　非課税承認を受けた財産を有する公益信託の受託者が、公益信託の
　　終了により、当該財産を他の公益法人等（当該公益信託に係る帰属権
　　利者となるべき者に限ります。）に移転しようとする場合において、
　　当該財産の移転に関する届出書を提出したときは、本非課税措置を継
　　続適用できることとします。

　　（注）　上記ハの措置は、当該公益信託の終了に係る事由により国税庁長官の非課税
　　　　承認を取り消すことができる場合には、適用しません。

　ニ　国税庁長官の非課税承認の要件である寄附者の所得税等を不当に減
　　少させる結果とならないことを満たすための条件等について、上記イ
　　に伴う所要の措置を講じます。

<法人税>

①　公益信託の信託財産に帰せられる収益及び費用については、委託者及
　び受託者の段階で法人税を課税しないこととします。

②　公益信託の信託財産とするために支出した当該公益信託に係る信託事
　務に関連する寄附金（出資に関する信託事務に充てられることが明らか
　なものを除く。）について、特定公益増進法人に対する寄附金と同様に、
　別枠の損金算入限度額の対象とします。

（注）　現行の特定公益信託及び特定公益信託以外の公益信託について、所要の経過措置
　　　を講ずることになります。

<消費税>

　公益信託制度改革による新たな公益信託制度の創設に伴い、公益信託の
信託財産に係る取引については、その受託者に対し、当該受託者の固有資
産に係る取引とは区別して消費税を課税するとともに、特定収入がある場
合の仕入控除税額の調整措置の対象とされます。

（注）　現行の特定公益信託及び特定公益信託以外の公益信託については、別途、所要の
　　　経過措置を講ずることになります。

　適用時期　上記の改正は、公益信託制度の改正を待って、令和8年度分
　　　　　　　　以後の消費税等について適用される予定です。

■3．適格現物出資の見直し

　内国法人が外国法人の本店等に国外資産等（国外にある事業所に属する資産（国内不動産等を除く。）又は負債）の移転を行う現物出資については、適格現物出資の対象とされています。適格現物出資により移転する資産の譲渡損益については、課税の繰延べが認められています。また、内国法人が外国法人の本店等に国内資産の移転を行う現物出資については、適格現物出資の対象外（非適格）とされています。

　改正では、内国法人が外国法人の本店等に「無形資産等」の移転を行う現物出資について、適格現物出資の対象外とすることになりました。無形資産等については、資産価値が形成された場所から容易に分離することができ、国外の事業所に属するとしても価値の創出の一部が国内において行われているという実態を踏まえ、内国法人の資産の含み益が日本から持ち出されることによる課税上の弊害を防止し、日本の課税権を確実に確保する観点から、無形資産等の移転を伴う現物出資について、適格現物出資の対象から除くことになりました。

■税制適格要件の見直し

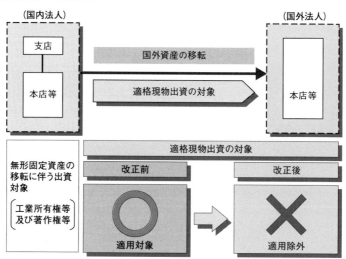

① 内国法人が外国法人の本店等に無形資産等の移転を行う現物出資について、適格現物出資の対象から除外します。

② 適格現物出資への該当性の判定に際し、現物出資により移転する資産等（国内不動産等を除く。）の内外判定は、内国法人の本店等若しくは外国法人の恒久的施設を通じて行う事業に係る資産等又は内国法人の国外事業所等若しくは外国法人の本店等を通じて行う事業に係る資産等のいずれに該当するかによることとします。

上記①の「無形資産等」とは、次に掲げる資産で、独立の事業者の間で通常の取引の条件に従って譲渡、貸付け等が行われるとした場合にその対価が支払われるべきものをいいます。

　イ　工業所有権その他の技術に関する権利、特別の技術による生産方式又はこれらに準ずるもの（これらの権利に関する使用権を含みます。）

　ロ　著作権（出版権及び著作隣接権その他これに準ずるものを含みます。）

上記②の内国法人の「国外事業所等」とは、国外にある恒久的施設に相当するもの等をいいます。

上記の改正は、令和6年10月1日以後に行われる現物出資について適用されます。

II 納税環境は、こうなる!!

■ 1. 重加算税適用の拡大

　過少申告加算税又は無申告加算税に代えて課される重加算税の適用対象に、隠蔽又は仮装された事実に基づき「更正請求書」を提出していた場合が加えられました。

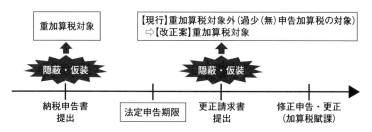

偽りその他不正の行為により国税を免れた場合等に、延滞税の計算期間から一定の期間を控除する特例が不適用となる措置について、隠蔽し、又は仮装された事実に基づき更正請求書を提出していた一定の場合が対象となることを明確化する運用上の対応です。

（参考）現行の加算税の場合

	加算税	重加算税
過少申告	原則15% ➡	35%
無申告	原則20% ➡	40%

上記の改正は、令和7年1月1日以後に法定申告期限等が到来する国税について適用されます。

■ 2．脱税会社の役員の第二次納税義務の整備 ■

| 脱税会社 | ➡ | その脱税により利益を受けた役員 | ➡ | 脱税会社が滞納 | ➡ | 利益を受けた役員が納税 |

　偽りその他不正の行為により国税を免れ、又は国税の還付を受けた株式会社、合資会社又は合同会社がその国税（その附帯税を含みます。）を納付していない場合において、徴収不足であると認められるときは、その偽りその他不正の行為をしたその株式会社の役員又はその合資会社若しくは合同会社の業務を執行する有限責任社員（その役員等を判定の基礎となる株主等として選定した場合にその株式会社、合資会社又は合同会社が被支配会社に該当する場合におけるその役員等に限ります。）は、その偽りその他不正の行為により免れ、若しくは還付を受けた国税の額又はその株式会社、合資会社若しくは合同会社の財産のうち、その役員等が移転を受けたもの及びその役員等が移転をしたもの（通常の取引の条件に従って行われたと認められる一定の取引として移転をしたものを除きます。）の価額のいずれか低い額を限度として、その滞納に係る国税の第二次納税義務を負うこととなりました。

用語の説明　上記の「被支配会社」とは、１株主グループの所有株式数が会社の発行済株式の50％を超える場合等におけるその会社をいいます。

適用時期　上記の改正は、令和7年1月1日以後に滞納となった一定の国税について適用されます。

主な過年度改正事項（令和6・7年適用分）編

――どこが どう変わるか？――

I 令和6年から適用される 令和3・4年度の主な改正事項

《令和3年度改正》

■ 1. 個人住民税の特別徴収税額通知の電子化 ■

　給与所得に係る特別徴収税額通知（特別徴収義務者用）について、eLTAXを経由して給与支払報告書を提出する特別徴収義務者が申出をしたときは、市町村は、その通知の内容をeLTAXを経由し、その特別徴収義務者に提供しなければならない等の改正で、令和6年度分以後の個人住民税について適用することになります。

　個人住民税の特別徴収税額通知について、次の見直しを行います。

① 　給与所得に係る特別徴収税額通知（特別徴収義務者用）について、eLTAXを経由して給与支払報告書を提出する特別徴収義務者が申出をしたときは、市町村は、当該通知の内容をeLTAXを経由し、当該特別徴収義務者に提供しなければならないこととします。

（注）現在、選択的サービスとして行われている、書面による特別徴収税額通知（特別徴収義務者用）の送付の際の電子データの副本送付は、終了することとします。

② 　給与所得に係る特別徴収税額通知（納税義務者用）について、eLTAXを経由して給与支払報告書を提出する特別徴収義務者であって、個々の

納税義務者に当該通知の内容を電磁的方法により提供することができる体制を有する者が申出をしたときは、市町村は、当該通知の内容をeLTAXを経由して当該特別徴収義務者に提供し、当該特別徴収義務者を経由して納税義務者に提供しなければならないこととする。この場合において、当該特別徴収義務者は、当該通知の内容を電磁的方法により納税義務者に提供するものとします。

 適用時期　上記の改正は、令和６年度分以後の個人住民税について適用します。

《令和４年度改正》

■ 2．住宅ローン控除手続きの簡素化

　これまでは、住宅ローン控除の適用を受ける場合には、１年目は適用者はすべて確定申告をしなければなりませんでした。ただし、給与所得者は２年目以降は、勤務先の年末調整で控除を受けることができました。
　その際、確定申告では納税地の税務署長宛に、年末調整時には勤務先に対して、住宅ローンの借入先金融機関等から交付された「住宅借入金等の年末残高証明書」を提出しなければなりませんでした。
　住宅ローン控除の適用を受ける場合の、この確定申告及び年末調整時の手続きが、次のように簡素化されました。

❶　住宅ローン控除の確定申告・年末調整時の手続きの簡素化

①　借入先金融機関等への「住宅ローン控除適用申請書」の提出

　令和５年１月１日以後に居住の用に供する家屋については、住宅ローン控除の適用者は、住宅借入金等の融資を受ける際に金融機関等に対して、その借入れをした個人の氏名及び住所、個人番号その他一定の申請事項を記載した「住宅ローン控除適用申請書」を提出するだけでよいことになり

ました。

② 確定申告書への添付書類の簡素化

　上記①の改正に伴い、令和5年1月1日以後に居住の用に供する家屋について住宅ローン控除の適用を受けようとする者は、「住宅取得資金に係る借入金の年末残高証明書」及び「新築工事請負契約書」の写し等を確定申告書に添付する必要がなくなりました。

　この場合、税務署長は、確定申告期限等から5年間、その個人に対してその適用に係る「新築工事請負契約書（写し）」等の掲示または提出を求めることができることとし、その求めがあったときには、その適用を受ける個人は、その書類の掲示または提出をしなければならないこととされました。

③ 給与所得者の年末調整時の手続きの簡素化

　令和5年1月1日以後に居住の用に供する家屋について、令和6年以後に住宅ローン控除の適用を受けようとする給与所得者は、これまで適用2年目以降の年末調整時に金融機関等から交付を受けた「住宅取得資金に係る借入金の年末残高証明書」を勤務先に提出していましたが、この証明書の添付は不要となりました。

❷ 「住宅ローン控除適用申請書」の提出を受けた金融機関等の対応

　「住宅ローン控除適用申請書」の提出を受けた金融機関等は、その住宅ローン控除申請書の提出を受けた日の属する年の翌年以降の控除期間の各年10月31日（その提出を受けた日の属する年の翌年にあっては、1月31日）までに、その「住宅ローン控除適用申請書」に記載された事項及びその「住宅ローン控除適用申請書」を提出した個人のその年の12月31日（その者が死亡した日の属する年にあっては、同日）における住宅借入金等の年末残高等を記載した調書を作成し、その金融機関等の本店又は主たる事務所所在地の所轄税務署長宛に提出しなければならないこととされました。

　この場合、その金融機関等は、その「住宅ローン控除申請書」につき帳簿を備え、その「住宅ローン控除申請書」の提出をした個人の各人別に、

申請事項の記載又は記録を残さなければならないこととされました。

　また、勤務先等についても、住宅借入金等を有する場合の「所得税額の特別控除証明書」の記載事項として、住宅借入金等の年末残高の記載が加えられました。

 上記の改正は、居住年が令和５年以後である者が、令和６年１月１日以後に行う確定申告及び年末調整について適用されます。

■ ３．上場株式等の配当所得等の課税方式の一体化
～ 所得税と個人住民税の課税方式を一致させる ～

（１）上場株式等の配当所得等の課税方式の見直し

　上場株式等の特定配当等及び特定株式等譲渡所得金額の所得税と個人住民税の課税方式には、①申告不要制度、②申告分離課税、③総合課税の三つの方式があり、そのうちのいずれかの方式を選ぶことができました。

　さらに、平成29年度の改正で、所得税と個人住民税とで異なる課税方式を選択することができることとされていましたが、令和４年度の改正により、令和６年度分以後の個人住民税の課税方式については、所得税と同一の課税方式となりました。

 上記の改正は、令和６年度分以後の個人住民税について適用されます。

 「特定配当等」とは、上場株式等の配当等のうち大口株主等が支払いを受けるものを除く配当及び利子で、所得税及び復興特別所得税15.315%、住民税５％の税率で源泉徴収されているものをいいます。
　また、「特定株式等譲渡所得」とは、特定口座のうち源泉徴収口座に受け入れた上場株式等の譲渡所得等で、所得税及び復興特別所得税15.315%、住民税５％の税率で源泉徴収されたものをいいます。

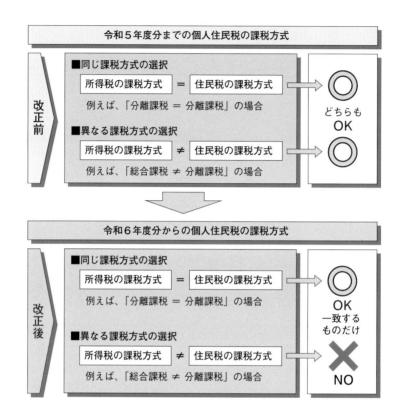

（2）上場株式等に係る譲渡損失の損益通算及び繰越控除の適用要件の見直し

　上記（1）の改正により、上場株式等の特定配当等及び特定株式等譲渡所得金額の所得税と個人住民税の課税方式が統一されたことに伴い、上場株式等に係る譲渡損失及び繰越控除の適用要件についても、所得税と同じ適用要件となる見直しが行われました。

 **適用時期**　　上記の改正は、令和6年度分以後の個人住民税について適用されます。

納税環境の整備関係

■ 4．税理士制度の見直し

（1）税務代理の範囲の明確化

　税務代理を行うに当たって前提となる通知等について、税務代理権限証書に記載された税理士又は税理士法人が受けることができることが明確化されました。

　税務代理権限証書について、税務代理に該当しない代理をその様式に記載することができることとする等の見直しが行われています。

 **適用時期**　上記改正は、令和6年4月1日以後に提出する税務代理権限証書について適用されます。

（2）税理士が申告書に添付することができる様式の整備

　税理士が申告書に添付することができる計算事項、審査事項等を記載した書面について、税理士の実務を踏まえたその書面に関する様式の簡素化等の見直しが行われています。

 **適用時期**　上記の改正は、令和6年4月1日以後に提出する申告書に添付する上記の書面について適用されます。

■ 5．帳簿の提出がない場合等の過少申告加算税等の加重措置の整備

　過少申告加算税制度及び無申告加算税制度について、納税者が、一定の帳簿（その電磁的記録を含む。）に記載すべき事項に関し所得税、法人税又は消費税（輸入に係る消費税を除きます。）に係る修正申告書若しくは期限後申告書の提出又は更正若しくは決定があった時より前に、国税庁等

の当該職員から当該帳簿の提示又は提出を求められ、かつ、次に掲げる場合のいずれかに該当するとき（当該納税者の責めに帰すべき事由がない場合を除きます。）は、当該帳簿に記載すべき事項に関し生じた申告漏れ等に課される過少申告加算税の額又は無申告加算税の額については、通常課される過少申告加算税の額又は無申告加算税の額に当該申告漏れ等に係る所得税、法人税又は消費税の10％（次の②に掲げる場合に該当する場合には、5％）に相当する金額を加算した金額とするほか、所要の措置が講じられます。

> ①　当該職員に当該帳簿の提示若しくは提出をしなかった場合または当該職員にその提示若しくは提出がされた当該帳簿に記載すべき事項のうち、売上金額若しくは業務に係る収入金額の記載が著しく不十分である場合
> ②　当該職員にその提示又は提出がされた当該帳簿に記載すべき事項のうち、売上金額又は業務に係る収入金額の記載が不十分である場合（上記①に掲げる場合に該当する場合を除きます。）

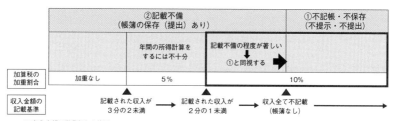

※　収入金額は営業収入を使用。
※　令和6年1月1日以後に法定申告期限等が到来する国税について適用する。

（出典：財務省 資料）

 **適用時期**　　上記の改正は、令和6年1月1日以後に法定申告期限等が到来する国税について適用されます。

1．上記の「**一定の帳簿**」とは、次に掲げる帳簿のうち、売上金額又は業務に係る収入金額の記載についての調査のために必要があると認められるものをいいます。

① 所得税又は法人税の青色申告者が保存しなければならないこととされる仕訳帳及び総勘定元帳

② 所得税又は法人税において上記①の青色申告者以外の者が保存しなければならないこととされる帳簿

③ 消費税の事業者が保存しなければならないこととされる帳簿

2．上記本文①の「**記載が著しく不十分である場合**」とは、当該帳簿に記載すべき売上金額または業務に係る収入金額のうち２分の１以上が記載されていない場合をいい、上記②の「**記載が不十分である場合**」とは、当該帳簿に記載すべき売上金額又は業務に係る収入金額のうち３分の１以上が記載されていない場合をいいます。また、これらの金額が記載されていないことにつきやむを得ない事情があると認められる場合には、運用上、適切に配慮することとします。

■ ６．提出期限後に財産債務調書等が提出された場合の 宥恕措置の見直し

提出期限後に財産債務調書が提出された場合において、その提出が、調査があったことにより更正または決定があるべきことを予知してされたものでないときは、その財産債務調書は提出期限内に提出されたものとみなす措置について、その提出が調査通知前にされたものである場合に限り適用することとされます。（国外財産調書についても、同様とされます。）

上記の改正は、財産債務調書または国外財産調書が令和６年１月１日以後に提出される場合について適用されます。

Ⅱ 令和６年から適用される 令和５年度の主な改正事項

■ 1.「NISA 制度」の改革で投資を促進 ■
～ "NISA制度" の抜本的改革＆制度の恒久化～

（1）令和６年１月からの「NISA 制度」は、こうなる
～ NISA 制度の抜本的拡充と制度の恒久化～
① 現行の「一般NISA」と「つみたてNISA」は、どうなるか

　令和５年度の改正では、従来の「一般NISA」と「つみたてNISA」の運用を一体化したうえ、それぞれの呼称を「成長投資枠」と「つみたて投資枠」に改称し、両者の併用を不可としていたことを改め、「成長投資枠」を「つみたて投資枠」の一部として、両者を併用して適用できるように改正されました。

　しかも、令和５年12月31日までに従前のNISA制度によって投資した商品についても、新しい制度の外枠で、従前の制度の非課税措置を継続して適用できることとされました。

② 制度の拡充と非課税投資期間の無制限化

　少額投資非課税制度（NISA制度）が、令和６年１月１日から大幅に拡充されることになりました。制度の恒久化を図るとともに非課税で投資できる期間を無制限にし、投資枠も広げられました。その結果、最大年360万円、生涯投資枠1,800万円の範囲内で利用できることになりました。

　また、「NISA」には国内外の上場株など幅広い商品に投資できる「一般型」と投資信託に限った「つみたて型」がありますが、「一般型」は令和５年

（2023年）、「つみたて型」は令和23年（2041年）までの時限制度だったのが、恒久化されました。

　ただし、従前の制度から新制度へのロールオーバーはできないとされています。

③　投資対象となる商品の範囲

　投資対象となる商品は、改正前より絞られることになります。上場廃止基準に該当する可能性のある監理銘柄や上場廃止が決まった整理銘柄は長期的な資産形成に不向きなため対象から外されました。同様に、償還期間が短い投資信託も対象外とされています。

 この制度は、令和6年1月1日から適用開始となりますが、改正前の積立額は新制度に加算されることなく利用できます。

(2)「ジュニアNISA」は、令和5年で終了

　一方、18歳未満（令和4年までは、20歳未満）を適用対象とする「ジュニアNISA」は、令和2年度の改正どおり、変更されることなく、令和5年12月31日で終了しました。

　したがって、令和6年1月1日以降は新規の口座開設や上場株式等の新規買付はできません。

　ただし、「ジュニアNISA」口座を既に開設している17歳以下の者については、18歳に達するまでは非課税で保有することができる特例が設けられています。

　なお、令和6年以降は、保有している株式・投資信託等及び金銭の全額について、年齢にかかわらず、災害等やむを得ない事由によらない場合でも、非課税の引出しは可能です。

■ 2．空き家の譲渡所得の3,000万円 特別控除の延長等

　近年、社会問題化しつつある空き家発生の抑制を図るため、空き家の譲渡所得に係る3,000万円特別控除の特例について、次のような改正が行われました。

❶　適用期限の延長

　この特例の適用期限（令和5年12月31日）が4年間延長され、令和6年1月1日から令和9年12月31日までとされました。

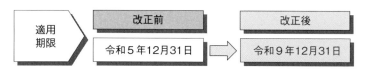

❷　適用要件の拡充等

①　適用範囲の拡充

　この特例の適用対象となる相続人が相続等により取得をした被相続人居住用家屋（その相続の時からその譲渡の時まで事業の用、貸付けの用又は居住の用に供されていたことがないものに限ります。）の一定の譲渡又はその被相続人居住用家屋とともにするその相続若しくは遺贈により取得をした被相続人居住用家屋の敷地等（その相続の時からその譲渡の時まで事業の用、貸付けの用又は居住の用に供されていたことがないものに限ります。）の一定の譲渡をした場合において、その被相続人居住用家屋がその譲渡の時からその譲渡の日の属する年の翌年2月15日までの間に、次に掲げる場合に該当することとなった空き家又はその敷地は、この特例を適用することができることとされました。

> イ　新耐震基準に適合する居住用住宅となった場合
> ロ　その全部の取壊し若しくは除却がされ、又はその全部が滅失をした場合

128

② 適用要件の拡充（買主による改修にも、適用可）

　この特例の適用要件は、譲渡対象家屋及びその敷地は、耐震リフォーム及び老朽家屋の取壊し及びその敷地の整備は、売主である相続人に限定されていましたが、今回の改正により買主にも拡大され、売買契約等に基づき、令和6年1月1日以降に行う譲渡については、買主が譲渡の日の属する年の翌年2月15日までに購入家屋の耐震改修又はその家屋の除却工事を行った場合には、その工事の実施が家屋等の譲渡後であっても、この特例の適用を受けることができることとされました。

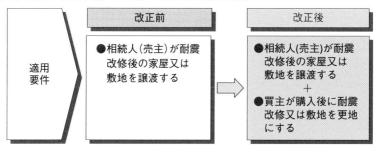

❸ 相続人の数が3人以上である場合における特別控除額

　これまでは、相続又は遺贈により被相続人居住用家屋及び被相続人居住用家屋の敷地等の取得をした相続人の数が3人以上である場合でも、この特例の控除額は一人当たり3,000万円とされていましたが、今回の改正により、この特例の控除額は一人当たり2,000万円とされました。

上記❷及び❸の改正は、令和6年1月1日以後に行う被相続人の居住用家屋又は被相続人居住用家屋の敷地等の譲渡について適用されます。

■ 3. 給与所得者の年末調整等関係書類の 事務手続きの簡素化

　給与所得者が年末に会社等に提出しなければならない扶養控除等申告書と保険料控除申告書が簡素化されました。

① 給与所得者の扶養控除等申告書

　給与所得者の扶養控除等申告書について、その申告書に記載すべき事項がその年の前年の申告内容と異動がない場合には、その記載すべき事項の記載に代えて、その異動がない旨の記載によることができることとされました。

 上記の改正は、令和7年1月1日以後に支払を受けるべき給与等について提出する給与所得者の扶養控除等申告書について適用されます。

② 給与所得者の保険料控除申告書

　給与所得者の保険料控除申告書について、次に掲げる事項の記載を要しないこととされます。

　　イ　一にする配偶者その他の親族の負担すべき社会保険料を支払った場合のこれらの者の申告者との続柄

　　ロ　生命保険料控除の対象となる支払保険料等に係る保険金等の受取人の申告者との続柄

 上記の改正は、令和6年10月1日以後に提出する給与所得者の保険料控除申告書について適用されます。

相続・贈与課税関係

■ 4．相続時精算課税制度の見直し ■

（1）相続時精算課税に係る基礎控除の特例の創設
❶ 相続時精算課税制度の概要

　相続時精算課税制度は、従来の暦年単位の贈与税制度に代えて、贈与税・相続税を通じた課税制度を選択できる制度です。特定贈与者である父母・祖父母から贈与者の推定相続人である子・孫（相続時精算課税適用者）への贈与で、その累積贈与額が2,500万円以内なら何回贈与しても贈与税は課税されませんが、2,500万円を超えると、その超える部分の贈与額に対して一律に20％で贈与税が課税されます。

　そして、贈与者が死亡すると、その時点までの累積贈与額を相続財産に加算して相続税額を計算し、それまでに納めた贈与税額を差し引くという制度です。

　ただし、この相続時精算課税制度を選択すると、暦年贈与課税には戻れず、たとえ10万円、20万円の贈与であっても、毎年、贈与税の申告が必要とされる制度です。

　　　　　　　「**特定贈与者**」**とは**、相続時精算課税制度を選択している推定相続人である子又は孫（相続時精算課税適用者）に対して贈与を行う父母又は祖父母（財産を贈与する年の1月1日現在において満60歳以上である者）のことです。
　また、「**相続時精算課税適用者**」**とは**、上記の特定贈与者からの贈与を受ける受贈者で、以下に掲げる要件を満たす受贈者です。
① 「相続時精算課税選択届出書」を提出した者
② 受贈者は、贈与者の推定相続人であること
③ 特定贈与者から財産の贈与を受けた年の1月1日において18歳以上である者

❷　相続時精算課税に係る贈与税の110万円控除《基礎控除》の特例の創設

相続時精算課税適用者が特定贈与者から贈与により取得した財産に係るその年分の贈与税については、現行の贈与税の暦年課税の110万円の基礎控除とは別途、課税価格から基礎控除110万円を控除できる特例制度が創設されるとともに、特定贈与者の死亡に伴い相続税の課税価格に加算等されることになる特定贈与者からの贈与により取得した財産の価額は、上記の基礎控除額を控除した後の残額とされることになりました。

 **適用時期**　上記❷の改正は、令和6年1月1日以後に贈与により取得する財産に係る相続税又は贈与税について適用されます。

(2) 災害により相続時精算課税適用財産に被害を受けた場合の救済措置の創設

相続時精算課税適用者が、特定贈与者からの贈与により取得した一定の土地又は建物が、次の①及び②に掲げる事由に該当する場合に限り、相続税の課税価格への加算等の基礎となるその土地又は建物の価額は、その贈与の時における価額から災害によって被害を受けた部分に対応する金額として政令で定めるところにより計算した金額を控除した残額とされました。

①　贈与を受けた日から特定贈与者の死亡に伴う相続税の期限内申告書の提出期限までの間に震災、風水害、火災その他一定の災害によって相当の被害を受けた場合で、

②　相続時精算課税適用者がその土地又は建物の贈与を受けた日からその災害が発生した日まで引き続き所有していた場合

 **適用時期**　上記（2）の改正は、令和6年1月1日以後に生ずる災害により被害を受ける場合について適用されます。

■ 5．相続税の課税価格への加算期間が7年に延長 ■

❶ 改正の背景と改正の内容

　岸田内閣では、相続税・贈与税を、子や孫に資産を渡す時期に左右されない中立的な制度に見直すこととし、生前贈与がなくなった後の相続で税負担に大きな差が生じる現状を改め、若年層の資金需要があるタイミングで、贈与できる効果も期待できる制度としています。贈与税は、相続税の負担を回避することを防止する観点から、相続税率に比して税負担率が高くなっています。

　贈与税は、①毎年110万円までの贈与については課税しないこととする基礎控除が設けられている「暦年課税」と、②贈与の累積額が2,500万円までの贈与については税負担が発生しないこととする「相続時精算課税」の２つの制度がありますが、今回の改正では、この２つの制度とも見直すこととされました。

　「暦年課税」は年110万円までの贈与は非課税で、110万円を超える部分に課税されます。改正前の制度では、死亡前３年間に贈与した分は相続財産として扱われ、相続税申告の際に加算されることになっています。

　改正後は、遡る期間を３年から７年に延長し、延長した４年間に受けた贈与については、総額100万円までは相続財産に加算しないことになりました。

❷ 改正の効果

　今回の改正は、「暦年贈与」を利用して相続税対策を行う人にとっては、死亡前の税負担が重くなる期間が長くなりますので、生前贈与を前倒しする行動につながり、結婚や育児などでお金がかかる若い世代への贈与を促すことにつながるという見方をされています。

　この改正は、令和６年１月１日以降に受けた贈与から適用対象になりますので、３年後の令和9年1月１日以降、加算期間が順次延長され、最初は４年、そして、５年、６年、７年と増えていきますが、加算期間が７年になるのは、令和13年１月１日以降です。

　したがって、令和９年以降の４年間に受けた贈与については、総額100万円までは相続税の課税財産に加算されません。

> **適用時期**　上記の改正は、令和６年１月１日以後に贈与により取得する財産に係る相続税について適用されます。

■ ６. 医業継続に係る相続税・贈与税の納税猶予等の特例措置の延長等
～ 認定医療法人認定後の「移行期間」の延長・緩和 ～

❶　医療法の改正に伴う税制の動き

　「持分あり医療法人」には、医療法人の相続税・贈与税の課税問題として、相続が発生すると、税負担等の関係から相続税支払いのために払戻請求が行われるなど、医療法人の経営基盤が揺らぐという課題があることから、医療法の改正により「持分あり医療法人」から「持分なし医療法人」への移行計画を、国が認定する制度が設けられています。

　この認定制度は、平成26年度の医療法改正によって、移行計画が妥当であると厚生労働大臣から認定を受けた「認定医療法人」に対して、出資者の死亡による相続税の納税猶予制度や出資者間のみなし贈与税の猶予等の特例措置が導入されています。

　更に、平成29年10月からは、出資者の持分放棄に伴い、本来は医療法人に課されるみなし贈与税を非課税とする措置も導入されています。

■改正前の「認定医療法人の課税の特例制度」のマトメ

①	相続税の納税猶予	出資者の死亡に伴い相続人がその出資持分を放棄した場合	相続税を免除
②	出資者間の贈与税の納税猶予	「持分なし医療法人」への移行過程において、出資者Aが持分を放棄した場合に、出資者Bも出資持分を放棄した場合	出資者Bに課されるみなし贈与税を免除
③	医療法人への贈与に係る贈与税の非課税	移行計画の認定を受けた医療法人の持分を有する出資者がその持分を放棄したことにより移行期限までに移行が完了した場合のその法人が受けた経済的利益	その法人が受けた経済的利益は贈与税非課税

❷　厚生労働大臣認定後の認定医療法人への「移行期間」の延長

　上記❶の「認定医療法人の課税の特例制度」は、適用期限が令和5年9月31日までの措置であるため、今回の改正で、令和8年12月31日まで3年3か月延長することとされました。

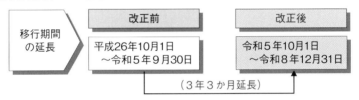

❸　厚生労働大臣認定後の認定医療法人への「移行期限」3年以内を5年以内に緩和

　また、認定を受けた医療法人の中には、その後の出資者との調整期間の不足等により、認定から3年以内に出資者からの出資放棄の同意を得ることができず、認定医療法人制度を活用できなかった法人も存在するため、移行期限を2年延長し、5年以内（改正前3年以内）に緩和されました。

法人課税関係

■ 7. 特定の資産の買換え等の場合の 課税の特例の見直し

(1) 改正の背景とその概要

　コロナ禍からの経済社会活動の回復を確かなものとし、新陳代謝と多様性に満ちた裾野の広い経済成長を実現するため、長期保有（10年超）の土地等を譲渡し、新たに事業用資産（買換資産）を取得した場合、譲渡した事業用資産の譲渡益課税の繰延べを認める措置の適用期限が、令和8年3月31日まで3年間延長されるとともに、課税の繰延割合の見直しが行われました。（所得税も、同様です。）

　東京23区の内から外への買換え（地域再生法の集中地域以外の地域）により、本店所在地の移転を伴う買換えを行った場合の課税繰延割合を90％（改正前80％）に引き上げる一方、東京23区への本店所在地の移転を伴う買換えの課税繰延割合を60％（改正前70％）に引き下げる改正が行われました。（所得税も、同じです。）

　改正の背景としては、本来の買換特例の立法趣旨とは関係なく、買換特例を利用する例が多くなってきていました。これは実際に買い換えるのとは別に、申告時に節税目的で、事後的に譲渡資産と買換え資産の紐づけを行っているケースが多く、「ある資産譲渡」と「ある資産の取得」には何ら因果関係がないにもかかわらず、買換特例の適用を受けるため、申告を行った例が多く見受けられました。

　そのため、法人では、特定の資産の譲渡に伴い特別勘定を設けた場合の課税の特例を除き、令和6年4月からは、譲渡資産を譲渡した日又は買換

資産を取得した日のいずれか早い日の属する３か月期間の末日の翌日以後
２か月以内に

　①特例の適用を受け取る旨

　②適用を受けようとする措置の別

　③取得予定資産又は譲渡予定資産の種類等

を記載した届出書を所轄税務署に届け出なければならなくなりました。

（2）特定の資産の買換えの場合等の課税の特例の見直し等

　この特定の事業用資産の買換えの場合等の課税の特例について、次の見
直しを行った上、その適用期限が令和８年３月31日まで、３年間延長され
ました。（所得税の場合は、令和８年12月31日までとなります。）

①　既成市街地等の内から外への買換え《１号買換え》を適用対象から除
　外します。

②　航空機騒音障害区域の内から外への買換え《２号買換え》について、
　譲渡資産から令和２年４月１日前に特定空港周辺航空機騒音対策特別措
　置法の航空機騒音障害防止特別地区又は公共用飛行場周辺における航空
　機騒音による障害の防止等に関する法律の第二種区域となった区域内に
　ある資産を除外します。

③　長期所有の土地、建物等から国内にある土地、建物等への買換え《４
　号買換え》について、東京都の特別区の区域から地域再生法の集中地域
　以外の地域への本店又は主たる事務所の所在地の移転を伴う買換えの課
　税の繰延べ割合を90％（改正前：80％）に引き上げ、同法の集中地域
　以外の地域から東京都の特別区の区域への本店又は主たる事務所の所在
　地の移転を伴う買換えの課税の繰延べ割合を60％（改正前：70％）に
　引き下げます。

④　船舶から船舶への買換え《５号買換え》については、譲渡資産から平
　成23年１月１日以後に建造された建設業その他の一定の事業の用に供さ
　れる船舶を除外します。

（3）先行取得資産の税務署長への届出期間の見直し

特定の資産の譲渡に伴い特別勘定を設けた場合の課税の特例及び特定の資産を交換した場合の課税の特例を除き、「譲渡資産を譲渡した日又は買換資産を取得した日のいずれか早い日の属する3か月期間末日の翌日以後2か月以内」に本特例の適用を受ける旨、適用を受けようとする措置の別、取得予定資産又は譲渡予定資産の種類等を記載した届出書」を納税地の所轄税務署長に届け出ることが適用要件に加えられました。

上記の「**3か月期間末日**」とは、その事業年度をその開始の日以後3か月ごとに区分した各期間をいいます。

上記（3）の改正は、令和6年4月1日以後に譲渡資産の譲渡をして、同日以後に買換資産の取得をする場合のその取得をする資産について適用されます。

納税環境の整備関係

■ 8．電子帳簿保存制度の見直し ■

　令和3年度の税制改正で導入された制度です。一定の国税関係帳簿に係る電磁的記録の保存等が、国税の納税義務の適正な履行に資するものとして一定の要件等を満たしている場合におけるその電子帳簿（優良な電子帳簿）に係る過少申告加算税の軽減措置（5％軽減）の対象となる申告所得税及び法人税に係る優良な電子帳簿の範囲が、令和3年度の税制改正では、網羅的で適用・運用が難しいということから、令和5年度の改正で以下のように対象帳簿が合理化・明確化されました。（特にネックとなっていた従業員に給与支払明細書の電子交付に必要な「従業員の承諾要件」が簡素化されました。）

---

① 仕訳帳
② 総勘定元帳
③ 次に掲げる事項（申告所得税に係る優良な電子帳簿にあっては、ニに掲げる事項を除く。）の記載に係る上記①及び②以外の帳簿
　イ　手形（融通手形を除く。）上の債権債務に関する事項
　ロ　売掛金（未収加工料その他売掛金と同様の性質を有するものを含む。）その他債権に関する事項（当座預金の預入れ及び引出しに関する事項を除く。）
　ハ　買掛金（未払加工料その他買掛金と同様の性質を有するものを含む。）その他債務に関する事項
　ニ　有価証券（商品であるものを除く。）に関する事項
　ホ　減価償却資産に関する事項
　ヘ　繰延資産に関する事項
　ト　売上げ（加工その他の役務の給付その他売上げと同様の性質を有するもの等を含む。）その他収入に関する事項
　チ　仕入れその他経費又は費用（法人税に係る優良な電子帳簿にあっては、賃金、給料手当、法定福利費及び厚生費を除く。）に関する事項

適用時期　上記の改正は、令和6年1月1日以後に法定申告期限等が到来する国税について適用されます。

❶ 国税関係書類に係るスキャナ保存制度についての見直し

スキャナ保存にはいくつかの問題要件があり、適正課税という観点からは読み取り情報である解像度、階調及び大きさの保存要件は必要ではないのではという問題、さらに入力者等を特定する要件「記録事項の入力を行う者又はその者を直接監督する者に関する情報を確認」とあるが、企業の通常の文書作成・保管プロセスにおいて必要不可欠だと問題が提議されていましたが、改正では二つとも廃止されることになりました。使い勝手の悪さが目立った相互関連要件についても見直されました。

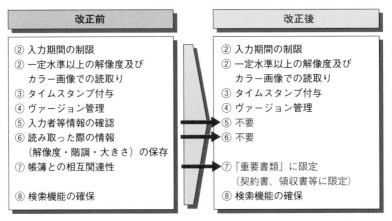

国税関係書類に係るスキャナ保存制度について、次の見直しが行われています。

① 国税関係書類をスキャナで読み取った際の解像度、階調及び大きさに関する情報の保存要件を廃止します。

② 国税関係書類に係る記録事項の入力者等に関する情報の確認要件を廃止します。

③ 相互関連性要件について、国税関係書類に関連する国税関係帳簿の記録事項との間において、相互にその関連性を確認することができるようにしておくこととされる書類を、契約書・領収書等の重要書類に限定します。

 **適用時期**　上記の改正は、令和6年1月1日以後に保存が行われる国税関係書類について適用します。

❷　電子取引の取引情報に係る電磁的記録の保管の見直し

　所得税及び法人税に係る保存義務者は、電子取引を行った場合には、一定の要件下で、その電子取引の取引情報に係る電磁的記録を保管しなければなりません。

 用語の説明　「電子取引」とは、取引情報（取引に関して受領し又は交付する注文書、契約書、送り状、領収書、見積書その他これらに準ずる書類に通常記載される事項をいいます。）の授受を電磁的方式により行う取引をいい（電子帳簿保存法2五）、いわゆるEDI取引、インターネット等による取引、電子メールにより取引情報を授受する取引（添付ファイルによる場合を含みます。）、インターネット上にサイトを設け、そのサイトを通じて取引情報を授受する取引等が含まれます。

　保存義務者が税務調査等の質問検査権に基づく電磁的記録のダウンロードの求めに応じることができるようにしている場合には、検索要件の全てを不要とする措置について、対象者を次に掲げる保存義務者とします。

　　イ．その判定期間における売上高が5,000万円（改正前1,000万円）以下である保存義務者

　　ロ．その電磁的記録の出力書面の提示又は提出の求めに応じることができるようにしている保存義務者

　また、保存することができなかったことについて「相当の理由」がある保存義務者に対する猶予措置として、保存義務者が行う電子取引につき、所轄税務署長が保存要件に従って保存することができなかったことについて相当の理由があると認め、かつ、その電磁的記録の出力画面の提示又は提出の求めに応じることができるようにしている場合には、その電磁的記録の保存をすることができることとしています。

改正前 電子データ保存における要件

① 見読可能装置の備付け要件
② 検索機能の確保要件（注）
③ 改ざん防止の要件（タイムスタンプ等）

（注）検索機能要件
　イ　取引年月日、取引金額、取引先（記録項目）を検索（単純検索）
　ロ　日付又は金額はその範囲を指定して検索（範囲検索）
　ハ　上記2以上の任意の項目を組み合わせて検索（組み合せ検索）

改正後 検索機能要件

　ダウンロードの求めに応じることができるようにしている場合には下記の要件が不要となり、売上高5,000万円（改正前1,000万円）以下である事業者は、すべての検索機能要件が不要となります。

対象者	要　件
猶予措置適用事業者	① 見読可能装置の備付け要件 ② 検索機能の確保要件（ダウンロードの求めに応じる、出力書面の保存） ③ 改ざん防止の要件（タイムスタンプ等）
売上高が5,000万円以下の事業者	① 見読可能装置の備付け要件 ②ダウンロードの求めに応じる ③ 改ざん防止の要件（タイムスタンプ等）
出力書面の提示・提出・保存及びダウンロードの求めに応じることができる事業者	① 見読可能装置の備付け要件 ② 検索機能の確保要件不要 ③ 改ざん防止の要件（タイムスタンプ等）

❸　電子取引の取引情報に係る電磁的記録の保存制度の見直し

　電子取引（取引情報の授受を電磁的方式により行う取引をいいます。以下同じ。）の取引情報に係る電磁的記録の保存制度について、次の見直しが行われました。

①　電子取引の取引情報に係る電磁的記録の保存要件

　イ　保存義務者が国税庁等の当該職員の質問検査権に基づく電磁的記録のダウンロードの求めに応じることができるようにしている場合には、検索要件の全てを不要とする措置について、対象者を次のとおりとします。

　　（イ）　その判定期間における売上高が5,000万円以下（改正前：1,000万円以下）である保存義務者

　　（ロ）　その電磁的記録の出力書面（整然とした形式及び明瞭な状態で出力され、取引年月日その他の日付及び取引先ごとに整理されたものに限る。）の提示又は提出の求めに応じることができるようにしている保存義務者

　ロ　電磁的記録の保存を行う者等に関する情報の確認要件を廃止します。

②　電子取引の取引情報に係る電磁的記録を保存要件に従って保存をすることができなかったことについて相当の理由がある保存義務者に対する猶予措置として、申告所得税及び法人税に係る保存義務者が行う電子取引につき、納税地等の所轄税務署長が当該電子取引の取引情報に係る電磁的記録を保存要件に従って保存をすることができなかったことについて相当の理由があると認め、かつ、当該保存義務者が質問検査権に基づく当該電磁的記録のダウンロードの求め及び当該電磁的記録の出力書面（整然とした形式及び明瞭な状態で出力されたものに限る。）の提示又は提出の求めに応じることができるようにしている場合には、その保存要件にかかわらず、その電磁的記録の保存をすることができることとします。

③　電子取引の取引情報に係る電磁的記録の保存への円滑な移行のための宥恕措置は、適用期限（令和5年12月31日）の到来をもって廃止されます。

 **適用時期**　上記の改正は、令和6年1月1日以後に行う電子取引の取引情報に係る電磁的記録について適用します。

■ 9. スマホ用電子証明書を利用した e-TAX の利便性の向上

　確定申告をe-TAXで行う場合、マイナンバーカードの電子証明書を読み込んで入力しなければなりませんが、スマートフォンにマイナンバーカードの電子証明書を搭載できるようになるため、今後、読み込む必要が無くなり、搭載されたスマートフォンで申告する場合、ID、パスワードの入力が不要となります。

　電子情報処理組織を使用する方法（e-TAX）により申請等を行う際に送信すべき電子証明書の範囲に、スマートフォンに搭載された署名用電子証明書を加えるとともに、利用者用電子証明書が搭載されたスマートフォンを用いて電子情報処理組織を使用する方法により申請等又は国税の納付を行う際に、識別符号及び暗唱符号の入力を要しないこととする等の所要の措置を講じます。

（注）　e-TAXの利便性の向上及び税務手続のデジタル化の推進を図る観点から、国税庁の新たな基幹システム（次世代システム）の導入時期に合わせて、処分通知等の更なる電子化に取り組むことになります。

 **適用時期**　上記の改正は、令和7年1月1日以後に行う申請等又は同日以後に行う国税の納付について適用できます。

■ 10. 無申告加算税の見直しと厳罰化 ■

　無申告は仮装・隠ぺいを伴わないため重加算税の対象とならず、税に対する公平感を大きく損なうことであるとして、改正では、無申告に対する厳罰化が盛り込まれました。無申告加算税の税率は原則15%、税額50万円超の部分については20%となっていますが、令和6年1月からは税額300万円を超える部分については30%と重いペナルティーとなり、さらに前年度と前々年度に無申告加算税（これに代わる重加算税を含みます。）を課された納税者が期限後申告や修正申告などをしたときには、その申告にかかる無申告加算税や重加算税を10%加重することになります。

❶　無申告加算税割合の引上げ

　無申告加算税の割合（改正前：15%（納付すべき税額が50万円を超える部分は20%））について、納付すべき税額が300万円を超える部分に対する割合が30%に引き上げられました。

（注1）　調査通知以後に、かつ、その調査があることにより更正又は決定があるべきことを予知（❷において「更正予知」という。）する前にされた期限後申告又は修正申告に基づく無申告加算税の割合（改正前：10%（納付すべき税額が50万円を超える部分は15%））については、上記の納付すべき税額が300万円を超える部分に対する割合を25%とします。

（注2）　上記の納付すべき税額が300万円を超える部分に対する割合について、納付すべき税額が300万円を超えることにつき納税者の責めに帰すべき事由がない場合の適用に関する所要の措置を講ずる。

■期限後申告に係る無申告加算税の割合

	原則	自発的期限後申告	
			調査通知前
総額50万円以下	15%	10%	5%
総額50万円超300万円以内	20%	15%	5%
総額300万円超	30%	25%	5%

（注）　調査による期限後申告等があった日の翌日から起算して5年前の日までの間に、その国税に属する税目に調査による無申告加算税又は重加算税を課されたことがある場合は、10%加重されます。

❷　過去に無申告加算税又は重加算税が課されたことがある場合

　過去に無申告加算税又は重加算税が課されたことがある場合に無申告加算税又は重加算税の割合を10％加重する措置の対象に、期限後申告若しくは修正申告（調査通知前に、かつ、更正を予知する前にされたものを除きます。）又は更正若しくは決定（以下「期限後申告等」といいます。）があった場合において、その期限後申告等に係る国税の前年度及び前々年度の当該国税の属する税目について、無申告加算税（期限後申告又は修正申告が、調査通知前に、かつ、更正を予知する前にされたものであるときに課されたものを除きます。）若しくは無申告加算税に代えて課される重加算税（❷において「無申告加算税等」といいます。）を課されたことがあるとき、又はその無申告加算税等に係る賦課決定をすべきと認めるときに、その期限後申告等に基づき課する無申告加算税等を加えます。

対象範囲の拡大	期限後申告等に係る国税の前年度及び前々年度に無申告加算税や重加算税が課されたことがあるとき、又は賦課決定をすべきと認めるときが加えられます。

（注）　過少申告加算税、源泉徴収等による国税に係る不納付加算税及び重加算税（無申告加算税に代えて課されるものを除く。）については、上記の見直しの対象としません。

 **適用時期**　上記の改正は、令和6年1月1日以後に法定申告期限が到来する国税について適用します。

■ 11．税理士法関係の改正 ■

❶　税理士でない者が税務相談を行った場合の命令制度の創設

　税理士資格を持たずに税務相談を行い、脱税をそそのかす悪質なコンサルタントが横行しています。実際にこのような不正な税逃れを指南する活動を防止するため、緊急に措置を取らなければならないと認められたときは、税務相談の停止を命じ、そのための必要な措置を講ずることが可能となりました。命令に従わない場合には、100万円以下の罰金などの措置が設けられました。

① 税理士又は税理士法人でない者が税務相談を行った場合の措置

　財務大臣は、税理士又は税理士法人でない者が税務相談を行った場合（税理士法の別段の定めにより税務相談を行った場合を除く。）において、更に反復してその税務相談が行われることにより、不正に国税若しくは地方税の賦課若しくは徴収を免れさせ、又は不正に国税若しくは地方税の還付を受けさせることによる納税義務の適正な実現に重大な影響を及ぼすことを防止するため緊急に措置をとる必要があると認めるときは、その税理士又は税理士法人でない者に対し、その税務相談の停止その他その停止が実効的に行われることを確保するために必要な措置を講ずることを命ずることができることとします。

（注１）　財務大臣は、上記の命令をしたときは、遅滞なくその旨を、相当と認める期間、インターネットを利用する方法により不特定多数の者が閲覧することができる状態に置く措置をとるとともに、官報をもって公告しなければならない。

（注２）　上記（注１）の「相当と認める期間」は、概ね、上記の命令を受けた日から３年間として取り扱うこととします。

② 質問検査等の国税庁長官の判断

　国税庁長官は、上記①の命令をすべきか否かを調査する必要があると認めるときは、税務相談を行った者から報告を徴し、又は当該職員をしてその者に質問し、若しくはその業務に関する帳簿書類（その電磁的記録を含みます。）を検査させることができることとします。

（注）　上記の質問検査等に対する拒否又は虚偽答弁等については、税理士等に対する質問検査等の場合と同様の罰則を設けます。

③ 命令違反に対する罰則

　上記①の命令について、命令違反に対する罰則が設けられます。法定刑は、１年以下の懲役又は100万円以下の罰金とします。

 施行日　　　上記の改正は、令和６年４月１日から施行します。

（備考）　令和４年度税制改正で決定された「税理士法に違反する行為又は事実に関する調査の見直し」のうち、税理士法に違反する行為又は事実に関する調査に係る質問検査等の対象に税理士業務の制限又は名称の使用制限に違反したと思料される者を加える部分については、上記の措置として講じます。

④　税理士の懲戒処分等の公告方法の見直し

　懲戒処分を受けた税理士について官報による公告だけでなくインターネット上でも氏名や税理士法人名を一定期間公開するように改正されます。処分を受けて廃業した元税理士も同様の扱いとなります。

　氏名等が公開される場合、公開期間は、①税理士業務の禁止等は3年間、②税理士業務の停止等なら停止している間、③戒告なら1か月などとなっています。

　税理士の懲戒処分の公告は、財務大臣が、公告事項を、相当と認める期間、インターネットを利用する方法により不特定多数の者が閲覧することができる状態に置く措置をとるとともに、官報をもって公告する方法により行うこととします。（税理士であった者の懲戒処分を受けるべきであったことについての決定の公告及び税理士法人の税理士法違反行為等に対する処分の公告についても同様とします。）

 　上記の改正は、令和6年4月1日から施行されます。

 　上記の「相当と認める期間」は、概ね、次に掲げる場合の区分に応じ、それぞれ次に定める期間として取り扱うこととします。

①　税理士業務の禁止の懲戒処分又は税理士法人の解散の命令の公告である場合　税理士等がその処分を受けた日から3年間

②　税理士業務の停止の懲戒処分等の公告である場合　税理士業務の停止の期間

③　戒告の懲戒処分等の公告である場合　税理士等がその処分を受けた日から1月間

④　懲戒処分を受けるべきであったことについての決定の公告である場合　税理士であった者が受けるべきであったその懲戒処分の種類に応じ、上記①から③までに定める期間に準ずる期間

❷　税理士試験合格者の公告方法の見直し

受験番号と氏名を公告している税理士試験の合格者発表について令和6年からは受験番号のみに改正されます。また、税理士試験の全科目免除者の公告を廃止します。個人情報保護に配慮した措置です。

❸　公告事項の広告の方法

税理士試験合格者等の公告及び税理士試験実施の日時等の公告は、国税審議会会長が、公告事項を、相当と認める期間、インターネットを利用する方法により不特定多数の者が閲覧することができる状態に置く措置をとるとともに、官報をもって公告する方法により行うこととする。（国税審議会が行う公認会計士の税法に関する研修の公告、試験科目の一部の免除の認定基準の公告及び税理士試験免除に係る指定研修の公告についても同様とします。）

また、税理士試験合格者等の公告について、公告事項を受験番号（改正前：氏名）とし、税理士試験全科目免除者の公告を廃止します。

 　上記の改正は、令和6年4月1日から施行します。

著者紹介 奥村 眞吾（税理士）
（おくむら　しんご）

現　在　税理士法人 奥村会計事務所 所長
　　　　OKUMURAHOLDING INC（米国）代表
　上場会社をはじめ医療法人、公益法人、海外法人など多数の企業の税務や相続税対策のコンサルタントとして活躍するかたわら、日本経済新聞社、朝日新聞社などの講師もつとめ、東京、大阪、海外などでも講演活動を行なっている。

【主な著書】

『こう変わる‼ 令和5年度の税制改正』（実務出版）	『新土地・住宅税制活用法と申告の実務』（清文社）
『新「会社法」の実務ポイント』（実務出版）	『5％消費税の実務と申告のしかた』（清文社）
『信託税制ハンドブック』（実務出版）	『5％消費税 改正点と実務対策のすべて』（日本実業出版社）
『東日本大震災をめぐる税制特例』（清文社）	『災害をめぐる法律と税務』（共著新日本法規出版）
『相続対策としての家族信託』（清文社）	『阪神大震災に伴う税金の救済措置』（清文社）
『新信託法と税務』（清文社）	『税金が安くなる本』（PHP研究所）
『新時代の相続税対策の徹底検証』（清文社）	『よくわかる定期借地権の税務』（清文社）
『新しい事業継承対策と税務』（新日本法規出版）	『ガラ空き時代の貸ビル・マンション経営』（かんき出版）
『住宅・土地税制がわかる本』（PHP研究所）	『アメリカにおける非課税法人の設立手続と税務』（翻訳:ダイヤモンド社）
『企業再編税制の実務』（清文社）	『不動産の税金がよくわかる本』（PHP研究所）
『事業継承マニュアル』（PHP研究所）	『都市型農地の税金戦略』（清文社）
『税金を1ヶ月分取り戻す本』（ダイヤモンド社）	『土地有効活用と相続税対策』（ダイヤモンド社）

【連絡先】　https://www.okumura.ne.jp

　　　　事務所：税理士法人 奥村会計事務所
　　住　所：〒103-0023　東京都中央区日本橋本町2-3-15　新本町共同ビル3F
　　　　　　　　　　　　FAX　03-3246-2593
　　　　　　〒541-0047　大阪市中央区淡路町3-5-13　創建御堂筋ビル4F
　　　　　　　　　　　　FAX　06-6202-7719

こう変わる!!

令和6年度の税制改正
──これだけは おさえておきたい!!──

令和6年3月20日　第1刷発行　　著　者　奥村　眞吾　　　　Ⓒ2024
　　　　　　　　　　　　　　　　発行者　池内　淳夫

発行所　実務出版株式会社
〒542-0012　大阪市中央区谷町9丁目2番27号　　谷九ビル6Ｆ
電話 06(4304)0320 ／ FAX 06(4304)0321 ／振替　00920-4-139542
https://www.zitsumu.jp

＊落丁、乱丁本はお取替えいたします。　印刷製本　大村印刷㈱

ISBN978-4-910316-31-4　　C2033